U0035205

大師 FOCUS 系列 **04**

【精裝增訂第四版】

幽靈的禮物

縱橫華爾街的三個金融交易規則

亞瑟‧李‧辛普森 著

張志浩　關磊 譯

壽江 實戰導讀

恆兆文化

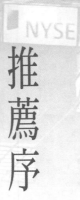

推薦序

《幽靈的禮物》讀後感 壽江

第一次閱讀出版社給我的《幽靈的禮物》翻譯稿時，就有一
種似曾相識的感覺，那種交易員和交易員之間的心靈感應。
所以，我立刻答應給出版社寫個書評，把這本好書推薦給讀
者朋友。可惜交易、寫作、講課等諸事纏身，無法兌現給出
版社的承諾。今日下決心抽出點時間，弄出一篇來，也算是
個交代。

《幽靈的禮物》規則一說：在市場證明我們的交易是正確的
以前，已建立的倉位必須不斷的減少和清除。即正確的持倉
方法是，當倉位被證明是正確的時候你才持有。

我在多年的操盤生涯中也形成了一個自己的交易習慣：每天
收盤以前，仔細的審查一遍自己保留的倉位。凡感覺可疑、
有問題的單子，一律清除。而只持有自己認為有前途、有信
心，而且最好是有浮動贏利的交易。僅僅因為這一看似簡單
的習慣舉動，不知讓我躲過了多少次無謂的、莫名其妙的損
失。

觸發我制定這條交易規則的直接原因有幾個：

1、我的經驗表明，因為期貨投機的高風險，勉勉強強、可做可不做的交易，還是不要去做為妙。

2、投機者應該把自己的精力集中在一些符合自己的思維框架、個性習慣，非常有把握的市場機會上。沒有必要在一些令人傷神的虧損交易上冥思苦想，希望轉危為安。一刀砍了它，也許你就立地成佛了。

如果你還在照顧損失的傷口，忙著「救火」，勢必無暇尋找其它的機會。最後的結果可能是更大的損失。認賠相當於拋棄痛苦，讓情緒平靜下來，提高控制能力，使你得以繼續交易。

我在《作手—獨自徘徊天堂與地獄》曾經講過兩個自己交易的例子。

「在北京綠豆期貨交易中，有一次，在我買入以後，市場價格就一直在我買入價附近徘徊。既沒有賺，也沒有虧。有時候，看起來漲勢就要來了，過了一會，市場又恢復到原來半死不活的狀態。平倉出局吧，又生怕錯過隨後的上漲行情，

我覺得可惜。不平倉吧，又對市場的表現不滿意，還有點擔
心。就這樣，在內心的矛盾衝突中，我患得患失地度過了兩
天。第三天尾市，情況還沒有什麼改觀，我的單子依然沒有
利潤。按照三天操作規則，我下定決心，平倉離場。

令人驚奇的是，第四天早上，市場開盤不到5分鐘，綠豆期價
就暴跌100多元。如果我沒有在前一天果斷地平倉，這下就要
吃大虧了。

另外一次是在海南橡膠市場。有一天，和我在同一個營業部
的那位大學同學給我拿來了一張橡膠走勢圖。我看見她在圖
表上畫了很多趨勢線，還用紅筆表示出市場的壓力和支撐位
置，顯然，她仔細研究過橡膠走勢。她認為橡膠期貨在劇烈
下跌以後，很可能出現反彈行情，做多肯定有利可圖。

我非常相信她的判斷，當即買了100手。但是，在我買進以後
，橡膠市場的走勢似乎和我同學的預測不太一樣。沒有上漲
的跡象，而是在原地踏步。到了第三天，我再也不想等下去
了，賺了很少的一點錢就平倉了。過了幾天，我當初買入的

那個品種就開始下跌，後來跌得慘不忍睹。如果我沒有運用三天規則主動平倉，這筆交易虧損是一定的，只是虧多虧少而已。」

一般說來，停損有價格停損和時間停損兩種。我書中的例子，採用的是時間停損法。因為持有的倉位好幾天沒有被證明為有利可圖的，我用三天規則把自己拉出了泥潭。

對於一個新手來說，價格停損和時間停損方法雖然是被動的，但是簡單實用，可以強制性的清除可能帶來巨大傷害的頭寸。當然，效果不一定是最好的。

《幽靈的禮物》的規則一，不是價格停損法，也不僅僅是時間停損法，它需要投機者在交易技術方面有相當的功力，包括對交易的本質問題的理解、市場感覺、經驗等等。所以，它可能會讓大多數人無所適從，但對有些人非常有價值。順便說一句，我覺得規則一不但適用短線交易，也適用長線交易。我上面談到的例子，在某種意義上，就是規則一在中線交易中的運用。

譯者序

在幽靈的禮物中發現金礦　　　譯者 張志浩

1996年年中，美國《期貨雜誌》網站上的「期貨論壇」因為有許多期貨交易員進行交流，而逐漸引起了大家的注意。從1997年春天開始，人們發現，來論壇的眾多交易員中，有一位參與者具備特別的交易智慧、見識和經驗，儘管有時候他是用模糊的甚至於神秘的方式來表達他的觀點。

這位交易員的網路留言極受歡迎，吸引了眾多的回覆，以致於大家對他的提問多到需要列出不同的子目錄來。他在期貨論壇中與大家分享他的交易智慧，然而他卻不願意在任何情況下暴露自己的真實身份，他也從不接受金錢回報和溢美之詞。由此，在這個論壇上產生了一位著名的人物——「交易圈中的幽靈」。

由於幽靈對討論的積極參與，他的觀點吸引了不斷增加的追隨者，從而誕生了《幽靈的禮物》這本書。應該說《幽靈的禮物》並不是傳統意義上的書，它是在幽靈、幽靈的助理亞瑟·辛普森和論壇參與者之間討論碰撞的結果。

這本書的內容是以幽靈和亞瑟之間的對話形式出現的。如同在
期貨論壇上呈現的情況一樣，但是增加了不少論壇參與者的評
論。如果我們要求嚴謹的話，那麼這種特點使本書的內容看上
去可能有重複之處，或者在結構上稍有紊亂，有時還多少有些
神秘感。但是，對於大多數讀者來說，他們可以在這裏發現金
礦。接受幽靈的禮物，成為一個更好的交易員吧。

　　　　　　　　註：到目前為止，我們仍不知道誰是幽靈。

引言

我是你成功背後的影子　　幽靈

在過去的三十年裏，經常有人問我一些交易的秘訣，我也不斷地把我的經驗提供給他們。但是，我並不想成為一個焦點人物，不希望我的名字被主婦們傳誦，也不想面對那些整天哭吵著自己一點微小得失的人。

我想幫助的是那些在交易中受煎熬的人，那些需要交易專業知識的人。

多數交易員認為，要在交易場上獲得成功，最重要的因素是知識。但我在交易生涯中發現，正確的知識還得加上行為習慣改變的能力，才是成功的交易中最為重要的。如果沒有行為習慣改變，正確的知識可能會導致錯誤的交易執行，從而與一次成功的交易失之交臂。

我把自己過去三十年的交易知識和行為習慣改變都歸納到三個交易規則中，它們代表我改變思維和行為的能力。

對於成功的交易而言，這三個規則是必須的。

由於我的一個老朋友的敦促，我將在這裏同大家分享這三個原則。

我和亞瑟都不是寫作專家，我們都是交易員，我們的願望是把交易
中的必要因素呈現給大家。

但是，這個過程必須按我的原則去做，也就是說，由我來決定以何
種方式呈現這些內容。

我們達成的一致意見是，我可以保留我的隱私權。

我貢獻我在交易中的智慧，但我的名字卻不會在這裏出現。

你可以稱我為「交易圈中的幽靈」。

你的成功與否掌握在你自己的手中。

我只是一個幽靈，我是你交易成功背後的影子。

這是我唯一的願望。

目　錄

〈第07章〉**當沖交易：規則成就短線高手**⋯⋯⋯⋯⋯⋯●107

規則一強體防身，規則二斷鐵熔金。鏖戰當沖交易，成就短線高手，唯有將規則融會貫通。

〈第08章〉**妙手連連贏定期權**⋯⋯⋯⋯⋯⋯⋯⋯●121

持交易規則利刃，踏入期權交易世界，以小博大，魅力無窮。幽靈詳述恪守規則穩定獲利全流程，運用之妙存乎一心。

〈第09章〉**線圖交易：大師的天機**⋯⋯⋯⋯⋯⋯⋯●133

觀察大眾線圖，採用獨家資料。要想勝券在握，只有標新立異。看，大師是這樣利用線圖交易⋯⋯

〈第10章〉**一聲棒喝：改變你的行為習慣**⋯⋯⋯⋯●149

如果按照人類的自然天性去做交易，必然輸到頭破血流。明確交易規則後，必須學會改變自己的習慣，這是幽靈的棒喝。

〈第11章〉**跟我來遊戲：放鬆練就創造力**⋯⋯⋯⋯●161

樂觀自信，才能笑對交易險境。幽靈童心不減，提供一款交易遊戲，告訴我們：想成為優秀的交易者，必須放鬆自己，找回創造力。

〈第12章〉**出手如電：對抗交易中的情緒**⋯⋯⋯⋯●173

如果因為手中的倉位而耳熱心跳、寢食不安，那麼，第一時間立即清倉——職業專家展示對抗自身情緒的策略。

附錄

論壇回響

後記

楔子

分享幽靈的智慧

作者 亞瑟・李・森普森

　　當我慢慢走向我家屋後的小山頂時，我對自己說，這一定會發生。沒有一個交易員不是損失了一半的資金後才知道那些行家裡手是怎麼做的！光是知道這一點就價值千金。多少年以來，許多交易員一直想知道交易大師們究竟有什麼特殊之處。

　　六個月以前，我們就分享交易的知識和經驗的問題進行了討論。我們準備與大家分享這些。

　　雖說知識和經驗是無價的，但為什麼不可以分享呢？

　　最後我們達成了共識：他有寶貴的知識和經驗，我們準備讓大家分享，但是這必須基於保護隱私和拒絕獎賞的基礎上。他出了一個主意：我們將到《期貨雜誌》的交易者論壇中悄悄地發表他的觀點，看看這些內容將得到怎樣的迴響。

　　首先是他的名字問題，除了真名實姓之外，我們想了許多可以適於公開發佈的筆名，但最後都不滿意。後來他說，「幽靈，如何？」

　　他同意與其他人分享交易知識，他視此為生命中這一階段的一

個重要組成部分。我可以從他的談吐中領會這一點，也可以從他的臉上體味出他此時的心境。這個春日裏，我感到他比平時更偉岸。

我第一次見到他，是早在３０年以前的事。起初，我並不覺得他是個高大的人。但是隨著時間的推移，他在我的眼中變得越來越偉岸——並不是他的身體高度，而是他的信心、他的思維方式、他的姿態、他的語言，他具備了所有的英雄特質。

我是在芝加哥的交易中心遇見他的。當時我們在交易同一個期貨品種。那是我成績最好的一天。但在這一周結束時，他給我的最好的禮物，是一個當頭棒喝：市場不僅僅只有一天！

「幽靈」這個名字好像是命中注定的。當時他站在山頂，抬頭仰望天空，一再要求我對他的身份進行保密：「對於我的好運氣，我不能接受任何讚美；對於公開我在交易上的見解，我可不願意暴露身份。」

他注視著我的眼睛，說：「從現在起，你就叫我交易圈中的幽靈！」

沒錯，就是他——「幽靈」，我這樣想著。隨著本書內容的展開，你可以感受到幽靈的智慧在交易中的重要性，就像這幾年來我一直感受的那樣。交易並不是我們所想的那樣簡單。很少有人會像他這樣有一個系統的交易思想。

　　「我們如何去衡量一個人的價值呢？」那次爬山之後，我不斷地問自己這個問題。這裏有一個交易員，他是我所知道的最優秀的交易員，也許是世界上最好的。我們將透過他的交易實踐和智慧來衡量他的價值。

　　是的，透過這種發掘，你會發現「交易圈中的幽靈」的身影愈見高大。

　　幽靈決定，將自己的智慧傳授給那些有著開放性思維並且願意學習的人。你所要做的就是學習和瞭解，然後在交易中運用這些智慧。

　　這是一條前人已經走過的路，但卻是孤寂的路。

NYSE

Arthur L. Simpson （亞瑟・李・辛普森）

i世代投資系列

可投資金額只有幾千元，教你如何安全的以小搏大!

學生、上班族看過來……。錢不多，受不起大風浪，也沒有太多的投資經驗，
但這個i世代系列已經都為你設計好了，不管你是想買股票、權證、選擇權還
是期貨等等，書中都為你的小額投資量身打造。

i世代投資①
定價：249元
2000元開始的股票投資提案
imoney123編輯部　編著

i世代投資②
定價：249元
沒有理由不賺錢的股價圖學習提案
imoney123編輯部　編著

i世代投資③
定價：249元
5000元開始的選擇權投資提案
作者：賴冠吉 老師

i世代投資④
定價：249元
股市贏家精通的技術線學習提案
imoney123編輯部　編著

i世代投資⑤
定價：249元
股市聰明獲利的買賣點學習提案
imoney123編輯部　編著

i世代投資⑥
定價：249元
3000元開始的權證投資提案
作者：賴冠吉 老師

【訂購資訊】
http://www.book2000.com.t

Chapter　０１

你是誰？
交易圈中的幽靈

如果不把一個裝滿水的桶放在需要的地方，

讓下一個交易者可以飲用，

我的成功一文不名。

讓我重申一下，在《幽靈的禮物》一書中，各章節的內容是基於我和幽靈的對話而成。在我所知道的眾多深具影響、戰績輝煌的交易員裡，他是其中之一。這些對話的目的是要幫助那些有能力、有夢想的人盡可能成為最好的交易員。不謀塵世浮名，只有一片丹心。幽靈為我們提供了在交易中生存的智慧。

• • • • •

亞瑟：幽靈，你為什麼不願意接受讀者對你表示的感謝和敬意？

幽靈：有一個鏡頭深刻在我的腦海裏：那是在我入行的第一個交易日下班後，我坐上一列火車，美滋滋地回味著我是如何在那天將我的資本翻番的。我看看周圍，著實為我的成就自豪萬分。但是我發現，在火車上並沒有人認識我，也沒有人在乎我是誰。

在那個階段，我內心的強烈願望，是掌握交易中的所有可能的規律。現在我所知道的已經比那時多出許多倍，市場已經無數次地讓我變得謙卑。對於旁觀者來講，這個問題也許很簡單，但是如果身入其境，情況完全不同。

我明白了這就是我！我其實只是一個旁觀者。我希望能指出那根埋在沙裏的線。我不知道誰把線埋在沙中，但我清楚地看到了它。可是，誰會在乎是誰指出了線呢？

從現在起，你們可以叫我「交易圈中的幽靈」。我隱藏在這本書的影子裏。

亞瑟：你已經有超過３０年的交易經驗了，為什麼不早點寫一

本書總結出你的經驗呢？

幽靈：我曾經試過。可是知識的更新遠比寫作的速度更快，我希望能夠寫得更準確些。

我犯過不少錯誤，我不希望把我的錯誤傳導給我的讀者，使得他們認為我經常犯錯。要經過很多年，我們才會明白交易的本質實際上就是犯錯。

除非與人分享，否則成功者一無所獲

亞瑟：有許多很瞭解你的人，他們非常羨慕你在職業生涯中的成就，你為什麼不願接受他們的稱讚呢？

幽靈：我認為任何一枚硬幣都有兩面。事實上，有時候你可能會爭論還有第三面。我不會為我的成就而希望浪得虛名，我已經一再提及這一點。如果不把一個裝滿水的桶放在需要的地方，讓下一個交易者可以飲用，我的成功一文不名，這是硬幣的另一面。總是會有人從桶裏飲水的（這就是硬幣的第三面）。在我而言，滿足後來的飢渴者只是舉手之勞，為什麼不這樣做呢？

亞瑟：對你而言，什麼是交易中最重要的因素？

幽靈：毫無疑問，行為習慣的改變是成功交易的關鍵——在許多情況下，成功不僅與我們如何思考有關，更與我們如何行動有關。我們必須適應周圍不斷變化的情況，環境是我們無法控制的。所以我們只去改變我們所能改變的。

亞瑟：我們先從你的背景開始談起吧。關於你的交易生涯的背景，你有沒有什麼想告訴大家的？

幽靈：我唯一想說的是，我同其他正在讀這本書的交易者沒有任何不同。我是誰？我是如何開始交易生涯的？這與交易本身都沒有關係。我們不探究這些細節，因為它對於讀者能否成功交易無關緊要。歷史與現實只在閉市的一剎間。

亞瑟：那麼，我們就從交易的行為習慣改變開始吧。

幽靈：好。我想從一個行為習慣改變的故事開始。小時候，有一次我的弟弟到鐵匠那裏玩耍。他看到鐵匠用一個長鉗鉗住馬蹄鐵，用鐵鎚敲打幾下，然後放入火爐中。隨後，鐵匠又從火爐中把馬蹄鐵取出，放在水裏淬火，接著把它放在桌上。這時候，我的弟弟上前把那個馬蹄鐵拿了起來，然後立即扔在了地上。鐵匠回頭吃驚地看看我的弟弟，說：「太燙了吧？」我的弟弟回答說：「我可沒有對那個馬蹄鐵多看一眼！」

這個故事給予我關於交易的啟示超過任何其他的事。做交易就是要對那個馬蹄鐵敬而遠之。去行動，不要多看它一眼。永遠不要忘記這一點。

亞瑟：在不觸犯你的原則的前提下，我們還是來談談一些你的背景。你是如何想到「交易圈中的幽靈」這個名字的？

幽靈的場內交易經驗

幽靈：這來自於我在交易圈內得到的尊敬。我從20世紀70年代初開始，就進行商品期貨中的場內交易。

亞瑟：你為什麼決定做場內交易，而不是像多數交易者那樣做場外交易？

幽靈：我喜歡場內交易的挑戰性和刺激性。我可以在任何時間獨自控制全部過程，這是任何一個交易者所期望的。我喜歡在交易中的完全控制權。因此，在幾個朋友的建議下，我買了一個場內交易會員資格。

亞瑟：在過去的幾年中，我們都知道幽靈出現在場內交易場地中。我們可不可以談談你的場內交易經歷？

幽靈：你知道，我們在交易場地內都有所謂的「辦公區」。每天開盤前，我們都站在自己的9平方英尺的「辦公區」內。每天，都有一個叫辛蒂的交易員把「辦公區」設在我前面。她以前是一個數學老師，她丈夫是一家音樂電臺的經理。以前我非常喜歡那個電台的節目，我對她的瞭解可能超出了她的想像。

每天，她會等到市場趨勢明朗後才會出手。我通常是在行情的第三波開始清倉（譯註：強勢清倉，清倉策略之一），但此時往往又是她的建倉突破信號（譯註：很多交易員在突破處建倉）。於是她總是從我的手裏接單，在她寫下交易記錄前，總是會說：「我討厭和你做交易，每次我從你手裏接單，我總是輸。」

她的話時時猶在耳畔。輸錢並不能阻止她堅定執行自己的交易計劃，因為她知道在她的計劃中如何輸得少（譯註：停損是交易的

關鍵）。在過去的許多年裏，我確信她贏了很多錢。她這樣說雖然使我感到有一絲難過，但這也促使我考慮輸的含義——因為她對於交易的思維方式是正確的。多有趣啊！一些小事會對我們做交易的信念產生或好或壞的影響。

亞瑟：即使從你手裏接過的交易單大多數是輸的，她也從來沒有害怕過？

幽靈：是的，她非常堅定。當我給出報價，許多其他交易員會從我身邊走開，因為我已經在交易場裏建立起了聲譽，許多交易員會跟著我的方向走。但是這卻影響了我的交易執行，也就是在這裏我發現交易執行的重要性。如果你不能順利買入，也不會順利賣出。這不是一個心理問題，但卻是我實施交易計劃的障礙。

亞瑟：你是如何去克服這個困難的呢？

幽靈：我開始玩我的交易小花樣，使他們進入我的圈套。實際上這是基金操盤手喜歡使用的花招，它的方法是這樣：如果我有一個倉位想套現，我會假裝要增加我的份額，開始競買，而不是競賣。當有足夠的人跟隨著我，並將價格抬高後，我就突然轉向，接過買單，售出我的份額。

亞瑟：看上去是一個好的策略。大多數情況下有效嗎？

幽靈：當我想清倉時，我就不斷地接買單。如果市場上沒有足夠的買單，我就會讓價格下滑，直到我清倉。不過，讓其他交易者陷入我的遊戲中來，其實使我的感覺很壞。可能出乎你的意料，這種手法對市場長期趨勢的影響並不像短期那樣顯著。我也學會不

在一個價位上買賣。一個老友教我使用區間策略，這一招對我很管用。

亞瑟：一般你首先選擇什麼品種進行交易？

幽靈：只有一個答案——任何正在波動的證券。這樣的市場其實風險不大，較小的份額就可以帶來不錯的回報。在一個滯澀的市場中，一般你要建立較大的倉位才能獲利，然而，當一個突發新聞衝擊市場，而這時你完全沒有準備的話，就會受到很大的傷害。

亞瑟：但是，波動的市場不會使你感到很顛簸嗎？

幽靈：如果你不帶任何感情色彩的話就可以明白，在一定範圍內的顛簸，本身就是趨勢組成的一部分。

亞瑟：我們會在以後的章節裏詳細討論這個問題。當你剛進入交易圈時，其他交易員是如何對待你的？

幽靈：他們整天對我大喊大叫，攫取我的利潤。我不在乎他們對我說什麼，只有一句話使我傷心：「這只是錢而已！」在剛開始交易的時候，我只有很可憐的一點資本，我不能忍受失去資金。但很快，我對其他交易員也開始用這樣的語言。我觀察著他們，當他們解開襯衫，鬆開領帶，最後他們臉變得通紅時，我會對他們大喊：「認賠出場吧！」沒過多久，我們變得相互理解了。

實際上，告訴他們「認賠出場」，是在幫助他們。如今，當市場並不朝我期望的方向走時，我會對自己這樣大叫的——這是我自己行為習慣改變的一大表現。

亞瑟：在你的交易生涯中，你和朋友們的關係怎麼樣？

幽靈：你知道，我是最近才發現我的朋友們對我多麼誠懇。如果你做了一些讓他們難以忘懷的事，那麼他們無一例外地會以誠相待。現在，我得到的這種尊敬更甚於前。這不僅僅是與交易有關的工作關係，而是一種心靈交流，令人感動。

　　亞瑟：你現在不經常進行場內交易了，是出於什麼原因？

　　幽靈：我們看看交易場的情景就知道，這是年輕人的遊戲。我並不是說這是通向成功的捷徑，因為靠年輕不會成為一個成功的交易者。我在場外交易是因為我能更好地理解市場，而且在那裏我還能同時於更多的市場中進行交易。

　　在場內交易是有其局限性的。場內交易員更像搶帽子交易員，而不是頭寸交易員（譯註：搶帽子：scalping，非常短線的交易，從幾分鐘到幾小時；頭寸交易：position trading，在幾天到幾十天——一般為三十天——的時間範圍內進行交易，尋求短期價格變動）。我喜歡對不同市場設置不同的交易標準，而這可不是我在場內交易時的習慣。

　　亞瑟：你會建議其他交易者從場內交易開始嗎？

　　幽靈：我經常被要求提供一些交易建議，但是我卻不喜歡這樣做，我只想指引方向。每個交易者必須有他自己的方法，必須自己努力去學習。他們必須決定如何建立自己的交易計劃。

　　我可以幫助他們拋棄不良的交易習慣，但是成功的路只在他們自己腳下。

　　亞瑟：幽靈，你還記不記得你從其他交易者那裏得到的第一個

建議？

幽靈：不，我已經不記得任何建議。我並不是說我對那麼多朋友和同事的幫助不表示感謝，我確實想不起任何一個建議了。事實上，這也是我現在對其他交易者「還債」的一部分原因。我不認為有誰會給別人很多操作建議，因為他們會覺得這樣做對他們自己不利。這種行為方式實際上在他們生活的早年已經形成。所以我覺得行為習慣改變是關鍵的一步。

亞瑟：關於你對行為習慣改變的看法，我看到現在已經有很多評論。你是否還準備寫另外一部關於行為習慣改變的書？如果是這樣，我們先要把這本書出版才好。

幽靈：出版著作會讓我很高興，也許我們可以讓《期貨雜誌》贊助出版。在這本書中，我們貢獻給讀者的是準確的交易智慧。我無論怎麼說都不會過分，我給他們指引方向，然後他們可以選擇自己的目標。亞瑟：對於我們交流的想法和目標，你是否有些想改變？

幽靈：沒有，這正是我們想做的。沒有諾言、沒有要求、沒有幻想、沒有不恰當的影響。是什麼樣，就什麼樣。交易者必須自己去賺他們的一百萬。我的責任是幫助他們能夠一直在遊戲中生存。

亞瑟：幽靈，我在寫作這行上不是老手，你能不能使我的工作變得輕鬆一點

——告訴我，你打算在這本書裏告訴讀者什麼？

幽靈：當我看到論壇裏大家提出的許多問題時，我有一個想

法：許多交易者沈溺於自己的交易之中，其實並不知道什麼是對自己最重要的問題。不過，我想最終所有我希望解決的問題都會被提出來。

但是，我不希望提出具體的交易建議，如同我在７０年代做的那樣。所以，我們為什麼不以讀者的問題來引導這本書呢？

亞瑟：好主意！我已經被你的回答吸引住了，提這個問題的交易者肯定會滿意你的答覆。但是我們不想忽略其他交易者的問題，我覺得我們也正在努力使他們成為「交易圈中的幽靈」。

幽靈：我同意，我喜歡這樣的想法。我希望沒有人會中途離隊。

亞瑟：好，你贏了，你是對的。

幽靈：很奇怪，我已經好多年沒有聽到你這樣說了——「你贏了，你是對的。」優秀的交易員是不用這樣的字眼的。一個經過訓練的交易員應該知道，成功的法則是：「善輸，小錯。」 交易成功總是偏心於那些輸得少的人、善於輸的人。

我們操作的這種市場的殘酷性，要求交易員生活狀態的平衡。有些交易者從來沒有計劃好當壞日子到來時怎麼辦，但壞日子是的確存在的。這會影響他們的生活，他們必須面臨新的選擇。要嘛改變自己的行為，要嘛面臨失敗。

亞瑟：現在有一個這樣的問題：我們會不會對眼前的交易事實感到厭煩？

幽靈：交易者可以有選擇：要嘛面對交易現實，要嘛找一條最

近的路，離開這裏。

亞瑟：在過去的幾年裏，你的助手有沒有給你惹過麻煩？

幽靈：只有無知會造成麻煩，我是可以原諒這一點的。但是，不願意學習才是他們最大的敵人。

亞瑟：他們必須學習什麼？

幽靈：最重要的是，他們要知道他們不必去犯「自學錯誤」，他們最好學習觀察別人的錯誤。在這個行業中，犯錯誤可能使你損失巨大。你可能沒有辦法確切地告訴某個人應該如何做，但是，如果給予適當的指導，他們可以作出正確的決定。

亞瑟：我明白你所說的錯誤的意思了，從別人身上汲取教訓要比自己犯錯誤代價低得多，對嗎？

幽靈：沒錯。

亞瑟：你還經常回交易場嗎？

幽靈：我經常回去，這使我對市場的思考更加敏感，或能夠加強我的某種行為習慣改變。在市場中總是可以學到很多東西。

亞瑟：你成名後走入交易場內時，會遇到什麼情況？

幽靈：某個交易日結束時，有些人朝我走過來，其中一位對我說：「我明白了，我知道你今天在拋售，我應該知道今天市場會跌的。」

亞瑟：這麼說，是你讓市場下跌的？

幽靈：這是他們的想法，其實不是這麼一回事。如果我真的是拋售套現，我會表現出非常強勢。實際上，我只是有一些倉位要清

除，但碰巧別人也在這樣做。也許他們使用的指標同我的接近。認為任何人在操縱市場，都是錯誤的想法。

　　亞瑟：有位論壇讀者提了一個建議，他說我們這本書應該從交易的準備工作講起。我們不斷地從論壇中吸取建議吧。

　　幽靈：我沒有意見。

Chapter 02

備戰交易：
大師的匠心

安靜的辦公室、合適的椅子、報時鐘、

開盤前鍛練身體、禱告，

準備好一本最喜歡的書，

還要有一位你心目中最崇敬的人……

能夠想像嗎？

大師在交易前是這樣進行準備的。

幽靈：太多的初級交易者（包括一些有一定經驗的交易者）把問題想得太簡單，把市場想像成他們所需要的固定模式。在模擬交易時他們可能取得了不錯的成績，但是，他們如果想進入實戰，就必須在各方面做好準備工作——包括精神上、身體上和情緒上的準備。首先要考慮的因素包括家庭、朋友和環境。

亞瑟：他們必須從什麼地方開始做起？

幽靈：辦公室！你必須有一間安靜的辦公室，在裏面你應該有合適的地方放鬆自己，因為交易會耗盡你所有的精力，就如同登山運動一樣。首先，是要有一把舒服的椅子。這必須是一把合適的椅子，由此你才可以立即開始你的行為習慣改變。

亞瑟：（大笑）我懷疑我是不是聽錯了，真的嗎？讀者一定會認為這是個玩笑！

幽靈：我會告訴你的，為什麼一把合適的椅子會這麼重要。你看，一些交易者認為市場總會朝它應該去的方向走，所以在椅子上向後一仰，等待市場要嘛到達他設的停損點，要嘛獲利套現。

其實我們都知道，市場不會這麼聽你的話。這就是我們為什麼首先要提到這把重要的椅子。在交易中它幫你節省的錢，會遠遠超過你買這把椅子的錢。不要用那種可以向後躺下的安樂椅，它太舒服了。在市場中，你必須時時刻刻提醒自己，不能讓自己太輕鬆。

你認為我說的是一把什麼樣的椅子呢？

亞瑟：應該是我來問你這個問題吧，我熟悉你的那把椅子，這個問題對我太容易了。

　　幽靈：好吧，我不賣關子了。我們要的是一種可以前後搖動的椅子，但不是常見的普通搖椅，那種椅子有點太舒適了。你也可以在椅子前放一個墊子。這把椅子很重要的理由如下：

　　首先，在你的交易生涯中，你會發現很多時候市場總是在不停地上下波動。你的椅子會不斷提醒你市場的這個狀態。把這個意識融入你的思想，是很重要的一步。

　　其次，在交易中，你發現除了倉位之外，你一點也不能控制市場。椅子也是這樣，你不可以控制它搖擺的路線，但你可以在任何你喜歡的位置上讓它停下來。我希望你也把這個狀態融入你的思想。

　　這是非常重要的一點，我會不斷地重複。你可以在任何你喜歡的地方停下來。如果你不喜歡椅子搖擺，你就不要讓它搖擺。交易同樣如此，你可以在任何時候停止，不再參與市場的波動，只需簡單地清倉就可以了。

　　亞瑟：準備一把合適椅子的理由原來是這樣。你認為它真的會有幫助嗎？

　　幽靈：還有更容易的事情嗎？沒有人會叫你不要在椅子上搖擺。你會不自主地這樣做。你的倉位也是這樣，需要經常地停損清倉，而且這必須成為你的第二天性。在你辦公室裏的這個像徵性的行為，可以幫助你解除很多困擾。

　　亞瑟：好，我們準備好了辦公室和椅子之後，下面還有什麼？

　　幽靈：下一個，我們需要一座能準確計時的鐘——電子鐘。這座鐘最重要的功能是它要能自動報時，因而你不必抬頭去看時間。

這個象徵性的工具對你的行為習慣改變同樣有幫助。記憶專家告訴我們，當我們把事物聯繫在一起的時候，我們的記憶效果會更好。當電子鐘自動報時的時候，你應該意識到的是，你必須立即對你的倉位進行處理，而不是交給市場來處理。你必須總是反應迅速和深謀遠慮，這座鐘可以錘煉你的這種能力。

亞瑟：我們現在有了辦公室、椅子和鐘，還有嗎？

幽靈：你必須建立一個工作的常規準備程式，這個程式必須由開盤前的一小時開始。在這個小時裏，你要鍛練身體１０到２０分鐘，這可以保持你的頭腦清醒。

在你淋浴後，花一二分鐘祈禱，解釋你將用贏來的錢做些什麼。不要在這裏太自私。

這實際上在告訴你自己的下意識，你為什麼要成為一個成功的交易者。

最後，面北而立，告訴你自己你已經知道什麼是正確的方向。這給予你一個清楚的感覺，你對事情有著完全的控制。當你執行你的交易計劃時，你需要這種感覺。

亞瑟：我看不是每個人都有條件或者有興趣做你所建議的這些事。

幽靈：是這樣的。在交易前一小時，有些人可能在上班的途中，但他們仍然可以想辦法在路上做這些準備。不管你是在什麼處境下或受什麼因素驅使，明確自己進行交易行為的原因非常重要。其實在３０年前，我自己也覺得用這些步驟來進行交易準備是件非

常奇怪的事情。

亞瑟：那麼你現在還每天做這些準備嗎？

幽靈：是的，我用我自己的方式做準備。不管是新手還是老手，每個人都應該建立一套適合自己的準備程式，它的好處也許不是你剛開始做時就能完全瞭解到的。

亞瑟：我們還沒能開始學習交易的實際過程，好像有很多前奏啊。

幽靈：在你的交易中，最重要的人物就是你自己。及早處理好有關你自己的細節，建立自己的準備程式。這對於你能夠成功地進行交易有很大的作用。

亞瑟：我們現在可以開始了嗎？

幽靈：別急，還有一些要準備的。我的下一個建議是找一本你最喜歡的書。

最後一個建議是：找一位你一生中對其成就最為敬仰的人。

亞瑟：你最喜歡的書是哪一本？

幽靈：我給你提供的一個參考來自於一個天才的交易員，他推薦的是《孫子兵法》。這本書是２５００年前由一個中國人寫的，有許多不同的翻譯版本，最好的版本是由James Clavell翻譯的。這本書討論的是古代戰爭的兵法，但可以運用於商業、生活、私人關係甚至交易中來。孫子提出的準則已經存在２５００年了，到今天仍然完全適用。

亞瑟：為什麼一本書會這樣重要？

幽靈：在遭遇壞日子之後，你必須去除失敗的陰影，不要去想「如果」、「應該」、「否則」等等，這些想法會對你下一個交易日的交易有影響。讀一讀書吧，即使十分鐘也好。

亞瑟：我想我已經有一些內容要學習了。你剛才說還要挑一個最崇敬的人，為什麼？你最崇敬誰？

幽靈：你可以從你崇敬的人身上學到很多東西。你需要理解你自己的能力，才能使自己變成這個被崇敬的人。在過去的許多年裏，我已經換過一些偶像，目前最新的這位偶像，歲數比我還年輕。

我選擇這位偶像，會有很多理由，但有一條理由是最重要的：每天，她所做的事情完全是給予和奉獻。她是那樣無私，真心關懷所有的人，關懷孩子們和這個地球上的所有生命。我對她如此崇敬，她是我生命方向的指示燈——她就是我心目中唯一的奧普萊（譯註：Oprah，美國著名的談話節目主持人，她的節目主要是關於對人的關懷和對生命的至愛）。

亞瑟：她知道你是這樣想的嗎？

幽靈：她還不知道。但我想這是非常重要的——你應該讓你崇敬的人知道他們是你崇敬的對象。這對你的交易會有很大幫助。想辦法讓他們知道吧！即使你沒有辦法得到他們的認可，但你如果為此盡了力，這會成為你的精神食糧。

亞瑟：現在我們可以開始學習交易了嗎？

幽靈：我已經做完了我的準備工作。

亞瑟：我覺得你說的這些交易準備過程，真出乎大多數人的想

像。不過我想我們已經開始進入了正式的學習過程：如何交易？如何建立交易計劃？職業高手們會用什麼特殊的方法交易嗎？

幽靈：再強調一下，我所提供的是交易指導，而不是具體的交易建議。我在這裏將會列出區分一位贏家和輸家的一些基本要素。你可以在市場上找到多種多樣的交易方法，但是對於交易者的基本要求卻很少能夠見到。其實最重要的，首先應該是提供基本的原則，使交易者能夠在市場中生存下去。

讓我們首先來陳述這本書的主題，在以後的章節中再繼續討論交易的方法。

在論壇中，為了讓讀者理解「幽靈的規則」，我已經舉了一些例子。我們將在以後回答一些更具體的問題。幾年前，我讀過一本小冊子，叫《我的補白》，其實這是一本日記，我喜歡這種方式。我們可以從別人的想法中瞭解一些東西，這不是建議，但別人的想法的確可以給我們啟發。

在這本書裏，回答讀者的某些問題還會有更多的意義。這樣可以讓提問的讀者感受到一對一的幫助，由此去理解市場的複雜性，並可以幫助他建立一個完整的交易計劃。我經常發現有這樣情況：大多數交易者並不瞭解有關交易的基本道理，他們以為大筆財富就在他們面前，因此不需要對自己的交易做深入的思考，這真是一件令人悲哀的事。

亞瑟：對我來講，你說的這些內容有些讓我吃驚，我好像又重新開始學習了。

進階密技

方天龍秘笈

方天龍秘笈①
定價：399元

你的選股夠犀利嗎？

方天龍秘笈②
定價：399元

你的股票買賣時機精準嗎？

方天龍秘笈③
定價：399元

你抓得住漲停板嗎？

方天龍秘笈④
定價：399元

股票＋權證必殺技

方天龍秘笈⑤
定價：399元

7個避險策略，決定你98%的暴富成功率

Chapter 03

規則一：
只持有正確的倉位

持倉待漲是天經地義？

大師讓我們頓悟：

不要等出現損失才清除不正確的倉位——

永遠不要等著市場提醒你已經出錯。

我經常詢問幽靈，為什麼這個規則是如此重要時，幽靈總是說：「在合適的時間我會回答你的。」我記得我小時候也遇到過這種情況，當我向我的父親提出什麼要求的時候，總是在他心情好的時候最合適。這個時候終於到了，這是在１９９７年１０月，期貨市場出現了一波大行情。

• • • • •

亞瑟：幽靈，你今天同意討論這個主題。我想知道為什麼今天是合適的日子？

幽靈：今天確實是探討這個規則的合適時間。穀物市場今天發生了一個出乎大多數交易者意料的變化。有些人站在正確的一方，可惜其中大多數人又太早套現。這裏我們來討論一下許多交易者今天所面臨的震驚局面。

很大一部分穀物期貨交易者今天經歷了我們所說的「死亡日」。大多數新手都在困惑：「我今天做錯了什麼？」我認為他們其實什麼也沒有做對，因為他們不知道什麼是正確的。

我並不是說所有的交易者都是眼前一團漆黑，我指的是那些不知道如何做的人，或知道一些原則卻不能在交易中有效執行的人。

交易第一步：排除所有走運因素

從一開始交易，就必須在正確的時間做正確的事情，我來闡述一下這個規則的重要性。

　　很多交易者，其中絕大多數是新手，難以想像市場會發生今天這樣大的變化。我常說，財富會待在令人意想不到的那一邊，更確切地說，失敗是在大多數人或者在我們腦子裏常識性的那一邊。

　　今天市場的意外變化有幾個原因——豐收的壓力巨大（在今天的這樣一個日子裏，你可以預想到來自於穀物生產商的拋售壓力），短期投機又進一步加劇了空方壓力。這種可能性是存在的。但是，在市場出現變化之前，許多交易者並沒有調整他們的交易。這就區分出了市場中的贏家和輸家。在今天，失敗的人的數量遠遠超過贏家。

　　由於今天蒙受的巨大損失，有些交易者會付不起他們下個月的汽車或房子分期貸款。他們甚至沒有想到，今天所發生的事的性質，僅僅是一種對市場可能性的判斷而已。他們過度持倉，也許他們本來有一個不錯的停損保護，但是他們卻忘記了告訴經紀人下停損單。

　　他們腦子裏所想的只是今天他們可以從市場中賺取多少。他們注定會是失敗者，這並不是因為他們不懂交易或者市場不好，而是因為他們無法自主。最糟糕的是，他們自己還沒有意識到這個問題。

　　夢想化為泡影無疑是令人悲哀的，但是更糟糕的是，他們付出了真金白銀的代價。有時候，你會在很短時間內損失鉅額財富，每一個交易員都體驗過這樣的事。但在很多情況下，交易者們在自己的計劃中卻沒有考慮過「如果我錯了怎麼辦」，他們的思考僅僅停

留在對自己操作正確的期望上。

這種雙向思維，恰恰就是成為成功交易員的關鍵所在。在我的交易生涯中，這種思維方式一遍又一遍地被驗證。我將要告訴你的是交易的核心內容，沒有一個交易者會對別人吐露這些東西。那些失敗者之所以失敗，是因為他們從一開始就不知道市場的本質，不知道市場會不以自己的意志為轉移。這不是任何其他人的錯，只能是他們自己的責任。

六個月以前，我們開始在期貨論壇中提供最成功的交易策略之一。有一些讀者讀了我提供的內容，但不能明白這種提綱挈領的表達方法。因此我們將在本書中詳細剖析這些內容。

我從來不忍心面對一個無家可歸的人，我也經常在思考他們是如何淪落到身無分文的。

我同許多無家可歸者交談過，他們都有自己的不幸的故事。在我們的一生中，我們都可能會有一些不幸的事發生。如果交易者不明白市場會給自己帶來什麼，他們就真的會朝無家可歸的那個方向走去。在交易中，如果你總是碰到壞運氣，你最後將被迫認賠出局。交易的一個基本要求就是：你必須提防這種霉運。如果你沒有對將發生的壞事做好計劃，你就不可能生存。我在交易的第一步，是把所有的走運的因素全部排除掉再說。

亞瑟：我知道你將要說什麼。我們是否需要用大字把這些內容醒目地標出來？

幽靈：是的，非常需要這樣，但是讀者必須自己去真正理解我

在對他們說什麼。這樣，他們不至於事到臨頭才明白我在說什麼。所以，我們在談論交易計劃時不要過分強調某些最重要的觀點，我們將把這些內容融入他們的交易計劃中。

對輸的那一面做好準備

有些人用他們自己的方式在做我所建議的事情，但他們一般視之為資金管理計劃，而不是交易計劃。每一個經紀人都試圖通過限制客戶對市場的介入程度來保護客戶，在這裏關鍵詞是「限制」。這些限制實際上是在倉位建立後，應對一些突發情況時的保護性行為。

我將在這裏提供兩個交易規則，它們都是成功的關鍵所在。每個交易計劃都必須基於徹底理解這些規則的基礎上。在我給出第一個規則前，我要特別強調：一、對於我所說的內容一定要正確理解；二、你要使這個規則成為你在交易中的第二天性。

在你理解了第一個規則並使之融入你的行為習慣改變之中後，我將闡述第二個規則。

為了更好地理解規則一，我需要先問你幾個問題。在斑馬線前，當行人綠燈亮起時，在過馬路之前，你會做什麼？

亞瑟：我會在過馬路前，仔細觀察兩邊的車輛。

幽靈：當然，這是正確的答案。現在我們研究一下：雖然你以前每次過馬路前都注意觀察兩邊的車輛，但每次都沒有任何車輛闖

紅燈,你會不會在以後過馬路時不再察看兩邊的車輛情況?無疑,你的答案會是:「當然不是」,你還是會小心翼翼。

我給了你什麼限制?是不是過馬路前保護生命的限制?當然是的。但是,在你過馬路遵守這些限制時,你並沒有意識到這一點。你並不知道你的行為是不是真的拯救了你的生命。

如果你在過馬路時沒有左右觀察,並丟掉了性命,你當然也不會知道你應該注意看一看。

這個限制有沒有告訴你,如果你仔細觀察了,就不會有汽車闖紅燈?結論當然不是的。那麼是否是你的經驗告訴你,汽車闖紅燈的可能性總是存在的?基於你在這方面的經驗,你作了這個假定。那麼這個假定發揮了什麼作用呢?基於一種可能性事件的基礎上,它為你制定了一個行為標準,不管這種可能性事件發生的機率究竟是大還是小。

我不想使你看到上面的這段話而走進迷宮,但是交易的情況同你過馬路的情況是同樣的道理。

我們必須做好假定什麼是可能發生的。只要這個可能性存在,我們就必須為這個可能性做好準備。這對於正確理解規則一非常重要。

如果你過馬路時從不看兩邊的車,結果出了車禍,那麼是不是太晚了?交易也是這樣。你必須對任何可能性進行自我保護,而不是僅僅準備應付自己認為的那些出現機率高的情況。

交易中會有出乎意料的情況發生,這種情況稱之為意外,是指

它原本發生的可能性是很小的，就好比今天的穀物市場情況。如同有人送了一個意外的禮物給你，你並不期望這個禮物，但是因為你對意外有心理準備，你仍然會說「謝謝你！」。

多數交易員只對自認為可能性大的一面做了計劃，也就是他們所考慮的獲利的一面。這是你在交易中可能犯的最大錯誤——你必須對輸的那一面做好準備。

交易者不是律師，根據的只是假設而非事實

你對於你的計劃的理解，決定了你在某些情況中會作出的反應。交易中你必須明白，當你被告知不要做某件事的時候，這並不意味你應該去做相反的事情。

經常有人向我回應，說我曾經告訴別人應該如何如何操作，而實際上我根本沒有說過這樣的話。舉例來講，我會告訴你今天不要拋售大豆，但我告訴你今天應該買進大豆了嗎？這夠愚蠢的吧，但是，很多交易者就是會這樣理解。所以我在這裏要強調正確的理解。

我們談了「假設」和「正確的」兩個概念，這對於理解規則一和規則二是必要的。否則，你就不能完全理解這兩個規則，並把它們運用到你的交易中。

亞瑟：讓我再來重複一下。當你說不要做什麼時，你並沒有告訴我必須做相反的事。看上去的確簡單。

當你說「假設」時，你告訴我基於某些事實之上的可能性存在，我必須承認這個可能性的存在，並為這個可能性做好準備。你所說的交易的意外的一面是指它本來發生的可能性並不大。是嗎？

幽靈：這真的很簡單。在理解了我們的對話後，交易者對我們的規則應該有更清晰的認識。我不希望大家有任何誤解。

律師通常不是以「假設」的方式工作的。他們會這樣詢問某個人：「這張照片中的人是誰？」當被告知是被告時，他們的第二個問題是：「在拍這張照片時你在那裏嗎？」在他們的眼裏，這是正確的資訊收集方法。但是，作為交易員，你必須有合適的假設，因為你不可能預知市場每天將如何變化。

在多數情況下，交易對我們來講不是一個有優勢的遊戲，這也就是我們必須在交易中使用假設的原因。

在建倉和清倉時我們有交易執行成本，或者要承擔滑移價差（譯註：期望執行價格和實際執行價格的差別），交易佣金將從你的資本金中扣除。市場在很多時間內處於一個不可預測的模式中，短期和長期趨勢的確存在，但不是所有時間內價格都在按趨勢在運動。

正確的持倉方法是，當倉位被證明是正確的時候你才持有。要讓市場告訴你，你的交易是正確的，而永遠不要等它提醒你是錯誤的。你，作為一個好交易員，必須站在控制者的位置上。當你的交易結果變壞時，你必須能完全明白並告訴自己這一點。

當你的交易處於正確的方向時，市場會告訴你這點，你需要做

的只是牢牢持倉。多數人所做的卻是與此正相反，他們是等市場告訴他們交易錯了的時候才停損清倉。想想這個問題。如果你不是自己系統地清除那些未被證明是正確的倉位，而等市場來告訴你：你的交易是錯誤的，這時候，你的風險就要高出很多。

在我們開始規則一之前，我先給你舉個例子。今天，你根據你的交易計劃，開盤後在６.３０美元處賣空大豆，如果你的倉位沒有被證明是正確的，你必須清除這個倉位，從而降低你的風險。根據你的計劃，你自己應該知道什麼是「正確的」。

比如說，你認為大豆價格會在開盤後第一個小時內下跌５到８美分，你就有投機機會。但是，它實際下跌卻不足３美分。所以，你在６.２９美元處清倉。雖然這次交易有１美分的利潤，但並不證明這是一個好的交易。然而，你的清倉卻是一個好動作，因為你沒有等市場來告訴你這個交易是錯誤的。

如果你等待市場來告訴你這筆交易是錯的，你總是要付出更高的代價。你的停損位置未必是你可以執行平倉的位置，比如你想在６.４２美元停損，但你也許要在６.４５美元才能平倉。讓市場來告訴你交易是正確的，然後才持倉。換句話說，交易是「失敗者」遊戲，而不是「勝利者」遊戲（譯註：交易不是一個優勢遊戲，如果你沒有被證明是勝利者，你就是一個失敗者）。

你當然不想擁有一個永遠不能被證明是正確的倉位。但是，如果你要等市場告訴你這個倉位是錯誤的話，你也許需要很長時間，這也導致更高的風險。我們在這本書的後面會繼續澄清這些問題。

幽靈陳述規則一

現在我給出規則一：

在一個像交易這樣的失敗者遊戲中，我們在與大眾相敵對的立場開始遊戲，直到被證明正確以前，我們假定我們是錯的（我們不假定我們是正確的，直到被證明錯了）。

在市場證明我們的交易是正確的以前，已建立的倉位必須不斷減少和清除（我們讓市場去證明正確的倉位）。

非常重要的一點是，你必須理解我所說的平倉原則：當倉位未被證明是正確的時我們就平倉，我們沒有時間等到市場證明自己做錯的時候才去平倉。

我在這裏所說的操作方法同大多數交易者的想法有很大的差別。市場可能沒有證明倉位是正確的，同時也非常有可能並沒證明它是錯誤的。如果你等待，並希望市場最終會證明你是正確的，你可能在浪費時間、金錢和精力，因為你的交易可能是錯的。

如果交易沒有被證明是正確的，就要儘早平倉。等待一筆交易被證明是錯的，會產生更大的價格滑動，因為在那個時候，每一個人都已經獲得了相同的市場信息。

這個策略的另外的一個好處是，當市場沒有證明你是正確的時，你總是會毫不猶豫地採取行動。大多數交易者卻做著相反的事情，他們毫無作為，直到停損平倉，在那個時候，這不是他們自己主動去清倉的，而是市場迫使他們清倉。

你的思維方式應該是這樣：當你的交易正確時，你可以什麼也不做；而不是當你的交易不正確時，卻袖手旁觀！

我不想囉里囉嗦不斷地重複這個觀點，但是你讀得越多，你會更好地理解。這一點對於你成功地進行交易實在太重要了。在以後，這個規則將減少你的交易損失，並使你對於停損有著快速敏捷的反應。

一般情況下，當一次交易被證明是錯誤的，它總是會造成虧損。正確使用這個規則，可以使你的交易具備獲利能力，你不會因為做了被證明是錯誤的交易後精神沮喪（譯註：按照規則一執行的話，交易被證明錯誤前你已經清倉了），這使得你在以後的交易中有良好的心態。你在交易中會更加客觀，而不會讓負面的東西影響你的交易思想。是這樣的，只有正確的交易會對你的思想和行為不斷做正面的強化。

交易是失敗者的遊戲，最善於輸的人最終會贏

亞瑟：幽靈，並不是每一個人都同意你的規則一。有些交易者認為規則一不適合他們。

幽靈：看看你是如何買一部新車的吧。經紀人對你說，你可以把你有可能購買的車開回去試一個月，如果你決定不買這輛車的話，你只要付租金就可以了。一個星期後，你決定不買這輛車，因為你覺得它對你不合適。你把它開回去，經紀人說你現在只需付

８０美元租金。

如果要等到證明這是一輛對你不合適的車子，也許要到幾個月以後，你不會因為要這個證明而把車子買下來並保有它。如果你真的這樣做了，那麼代價是高昂的。

大多數交易者保有他們的倉位，直到他們的交易被證明是錯的。我的觀點是，不要持有倉位，除非你的交易已經被證明是正確的。

亞瑟：你說得有道理。但是，誰能肯定一個壞交易不會轉變成好交易呢？

幽靈：這正是大多數交易者的想法。他們擔心在他們平倉後，市場開始朝他們原先期望的方向走。不過如果他們不早點認賠出場，那麼等市場越走越遠時，認賠出場也就變得更為困難。這種大額損失終究會有一天把你趕出市場。

規則一強調的是：你要使你的損失越小越好，認賠出場越快越好。這樣做不會總是正確的，但可以保證你能夠在這個遊戲中生存。

想像一下這樣的情況，一種是你每次交易時要嘛贏１０％，要嘛輸１０％，那麼長期來講你有１０％的機會贏錢；另一種是，你持有一個倉位３個小時，除非在這段時間內你的交易被市場證明為正確的，否則你就平倉，這樣長期而言，你會有９０％的獲利機會。這兩種情況你會選擇哪一個呢？

大多數交易者不知道他們應該做什麼選擇。別忘了，交易者通

常不知道交易實際上是一個失敗者遊戲，那些最善於輸的人最終會贏。

為什麼不做一個可以經得起時間考驗的決定，來改變你的行為習慣，獲得最好的遠期目標。交易不是賭博！把它作為你的一項生意，在最短的時間內獲得最大化的利潤，將風險程度降到最低。這就是規則一為你所做的事情。

亞瑟：看來，對於規則一我們需要進行更多的討論。

幽靈：當下一個意外行情來臨時，你必須已經執行規則一。有一件東西可以幫助交易者學會快速認賠出場，那就是巨大的交易損失。

亞瑟：是的，但這個行為習慣改變的代價太昂貴。我的妻子凱倫給出了關於規則一的另外一個例子。她說你不會先把衣服買回家，穿著它們直到它們被證明是不合適的衣服；相反，你在買之前，先會試穿衣服，以證明這對你是合適的衣服。我喜歡她的這個比喻。

幽靈：你看，在日常生活中，你會儘量少花錢，儘量少浪費。為什麼你在交易中會有不同的行為呢？

亞瑟：答案是：在交易中，人性控制了我們。每個人都知道它們，而每個人都必須面對它們。它們是恐懼和貪婪。

幽靈：我們必須在交易中儘快排除情緒因素。如果你在建倉時沒有受到情緒的干擾，你就有了一個好的開端。

幽靈首先將規則一發表在期貨論壇上，一些交易者發表了回應。一位網名M.T.的交易者這樣說：

　　我讀了幽靈關於規則一的網路留言：倉位必須由價格確認，否則儘快平倉。我在交易中的做法是，建倉時，在線圖中確認停損點位置，當市場反轉時，我會在停損位清倉。停損位通常就是阻力位或支撐位，如果突破的話，將形成新的趨勢。

　　這就是說，在我建倉後，如果價格橫盤或略微下滑，但沒有觸及我的停損點，我會仍然持倉，因為我的交易規則沒有被打破。我以為這樣做就是按照規則一的方法做的。

　　我持倉不是因為價格變化確認了我的交易，而是因為價格沒有「確認」我的停損信號。我認為這就是幽靈的思想。我要告訴你的是，通過這樣的方法，我的每次交易損失都不大，這也只是我原本計劃的特點。

　　其實我在不自覺中違反了規則一。我以為我已經改變了行為模式，不過我的行為卻仍然是「不正確」的。我相信，其中的差別很微妙。

　　昨天晚上，我輾轉反側，思考我的交易。突然蹦出一個靈感（不要笑話我）。我很多次賠錢都賠在入市一個小時後或更長時間後，而在這個時間段內市場基本沒有大的波動，價格也沒有觸及停損點。我意識到，如果我在前１５分鐘就平倉的話，結果可能會更好。如果這樣做造成了損失，那麼也會比價格達到我的停損點所帶

來的損失小。

　　這時我悟到了幽靈的真諦。我的交易並沒有在前１５分鐘被確認，雖然它沒有違反我的交易計劃，但也沒有被市場證明是正確的。趕快平倉！

　　於是，我開始重新審視過去３個月我所做的交易，計算如果我在１５到３０分鐘內按照正確的規則一的要求操作，盈虧情況究竟如何。結果是發現了兩種方法在結果上有著巨大的差別。

　　我知道馬後炮並不完全可靠，但它顯示的結果仍然是重要的。

　　我由衷地感謝幽靈。我仍然在學習，仍然在交易。我用５０００美金入市，做當沖交易，現在總體上稍有損失，但還能在市場中生存。有了規則一，讓我們拭目以待，看看會出現什麼改變。我會給你提供我的最新情況的。

Chapter 04

規則二：
正確加碼才能獲利

學會加碼！

獲暴利的捷徑只此一途。

你必須按照規則二操作：

毫無例外並且正確地對你的獲利倉位加碼。

亞瑟：幽靈，你是想繼續講解規則一，還是開始談論規則二？

幽靈：兩個規則都有太多的東西要展開談，所以我們先來看看硬幣的另一面——規則二。規則二也需要一些限定，這個以後再談。我們現在先來說明什麼是規則二：

幽靈陳述規則二

毫無例外並且正確地對你的獲利倉位加碼。

這句話聽上去相當普通，其關鍵點是「正確地」。你聽到的最多的行話也許是「停損」，但停損只是硬幣的一面。如果沒有規則二，你會發現交易甚至不是一個盈虧可能性一半對一半的遊戲。如果沒有一個正確地對你的獲利持倉加碼的方法，也許你永遠不能挽回損失。規則二保證，當你交易正確的時候，你有大比例的持倉。你一定希望自己進入趨勢明朗的市場時，能有較大倉位來保證更多的獲利。

關鍵在於究竟是在什麼時機加碼？如何對一個正確的倉位加碼？市場如何將正確的倉位變為錯誤的交易？在這些問題上是存在爭議的。我們將在以後的時間裏討論這些內容。我們需要將規則和原因確立下來，在明確了規則一和規則二後，我們就可以在好的假設和經驗的基礎上證明其原理。

規則二並不是說，因為你有一個有利倉位，就必須增加籌碼。注意，「正確地」意味著你必須有一個合格的計劃，當趨勢確認

後，你才能合理地增加籌碼。加碼的方法是否合理，則取決於你交易計劃的時間跨度。

　　你也許是一個當沖交易者（譯註：也就是中國通常所指的Ｔ＋０交易，但是其中略有不同，美國的當沖交易其交割日仍然是３日後，即其本質仍然是Ｔ＋３交易）、短線交易者、中線交易者或長線趨勢交易者。加碼標準根據每個交易計劃的不同會有區別。規則二的重要性在於，當你有獲利持倉時，你可以獲取最大利潤，並且此時損失的可能性卻是最小的。在應用規則二時，你必須合理地結合使用規則一。

　　規則二能夠使你擁有一個正確的起始思維方法來獲得獲利倉位，並幫你持有它。大多數交易者在有了賬面獲利時，經常有一種衝動去套現，從而證明自己是正確的。然而，正確的交易本身實際上並不能產生豐厚的利潤。

　　大多數交易者同時還會害怕市場會朝相反的方向走去，從而奪走自己已有的利潤。一般情況下，他們會看著自己的虧損倉一天天虧下去而不知所措，而獲利倉剛剛開始啟動，就急著平倉出場。這是人性在市場中的反應。在交易中，人的本能其實是一個障礙。

　　對獲利倉位加碼的一個好的策略是，你的倉位應該翻倍加碼，這是正確的倉位加碼方法，同時你必須讓獲利品種的倉位總是大於可能虧損品種的倉位。

　　對一個已經確認獲利的倉位進行加碼，必須有正確的執行方法，這樣才不會在頂部建立新倉位，以避免可能的風險。每次加碼

必須一小步一小步走。比如，你的原始倉位有6口合約，那麼在你第一次加碼時增加4口合約，第二次則加2口合約。這樣通過總共兩次加倉，你的原始倉位翻倍，其比例為3：2：1。

在交易的任何時候，規則一必須始終被遵守，包括在你加碼的時候，以避免你的交易跟著市場掉頭反轉。

你的加碼計劃可以是一個簡單的買入信號（多頭）或一個賣出信號（空頭），比如45度回調或支撐線。

「毫無例外」是指加碼必須不由交易者自身的主觀意志來決定。需要記住的是，加碼的方法必須根據你的交易計劃本身來決定，對應某個計劃合適的加碼方法未必對另一個有效。

與交易計畫相符的加碼方法

回顧一下規則二，它只是表明你必須對正確的倉位進行加碼，並且是被正確地執行。規則沒有告訴你如何加碼，這要你在自己的交易計劃中自行落實。規則同時表明加碼動作是沒有例外的，你不要主觀決定是否需要加碼。規則二的內容具有雙重目的：對你正確的交易進行思維心理狀態上的強化，同時增加你的倉位。

亞瑟：幽靈，有一個問題，如果交易者必須無例外地加碼，那麼還有什麼因素會影響加碼？當一個交易被證明正確的時候，這不就應該是合適的加碼時間嗎？

幽靈：加碼當然可以用這種方法執行，但這種方法並不是對

所有交易都適用。當我的交易被證明是正確的時候，我常常立即加碼，因為我的交易週期較長，而且每一步動作都比較小。

　　舉例講，你是一個當沖交易者，積累每天的微利。如果你採用和我一樣的加碼方法，那麼你會發現你的加碼是錯誤的，因為市場的當日波動特點和長期趨勢大有不同。

　　對當沖交易者來講，合適的方法是，當你的倉位已被證明正確的時候，你在價格適度回調時加碼。但是，**對趨勢交易者來講**，方法就有所不同。一個趨勢交易者會在價格突破或跳空時至少加碼一次。你的加碼方法必須同你的交易計劃相符，它是由你的交易計劃決定的。

　　實際上，當沖交易者遵守規則二可能會有困難，除非他們建立了合適的倉位並確認自己的加碼能夠操作無誤。當沖交易者的目標是快速獲利，所以一個好的加碼計劃操作起來會很困難。最好的當沖交易方法是一次性建立所有的倉位，然後用規則一進行平倉。

　　規則二規定沒有例外地對獲利倉位加碼。作為當沖交易者，你只有在交易被證明正確時才持倉。讓市場去決定你的倉位應該有多大，它可以是從滿倉到空倉的所有比例。

　　趨勢交易者確認自己正確時會加大倉位，而當沖交易者發現自己出錯時會減少倉位。當沖交易者出錯的時候，倉位可能很重；而趨勢交易者出錯時，永遠也不會重倉。這是由當沖交易的本質所決定的。通過減少你的籌碼，你面臨的市場風險就不會很高。規則一是持續有效的。

市場中的風險跟時間因素也有關係，這是當沖交易者希望利用的一個優勢。趨勢交易者要承擔隔夜持倉的風險。

亞瑟：你是不是在這裏為當沖交易者改變了規則？

幽靈：如果期望長期利潤，你必須使用規則二。但根據你不同的交易計劃，你要採用不同的加碼方法，當沖交易的目標是快速獲利，所以，你為什麼不從一開始就建立最大的倉位？不管是正確或錯誤的交易，你總是要用規則一進行保護。

亞瑟：你是不是說，加碼對當沖交易者來講不總是一個好的方法？

幽靈：不受主觀的持倉時間的限制，正確地加碼，有助於在長線交易中獲得豐厚的利潤。當沖交易是短線交易，一個當沖交易者必須使他的交易成本降到最低，這樣也促使他在一開始就建立所有倉位。

我曾經觀察過一個出色的當沖交易者進行交易，他從一開始就建重倉，然後逐漸清倉，除非交易被證明是正確的。通過這樣的方法，他賺了很多錢。

他的倉位在一開始就很大，這其實就是規則二。規則二的本質是，當你交易正確時，你必須盡最大努力建倉。這種方法的缺點是，一旦犯錯誤，由於倉位過大，而造成的損失也比較大。所以，用規則一進行保護是關鍵所在。

這看上去像一個修改型的規則二，但正如我所說的，你的交易方法決定你的加碼方法。你必須理解，當你的交易方向正確時，你

要重倉操作，這是在不能利用明顯的**趨勢**且贏面較小情況下的應對之道。　我自己也不排斥這種方法，曾經在短線交易中使用過它。當我感覺到**趨勢**的存在時，我就會增加籌碼以使我有更好的持倉。

這兩個規則結合在一起，長期而言，能夠保證你以最小的損失獲取最大的獲利。大比例虧損是一些交易者被逐出市場的主要原因。

你必須將這兩個規則融入你的交易計劃中。經驗告訴我們，這些規則是你在市場中生存的基礎，並能夠幫你達到你的交易目標：以最小的風險換取最大的回報。

規則二的論壇迴響

毫無疑問，交易員們對規則二的評論興趣盎然。從論壇網路留言的內容來看，為什麼要使用規則二，尤其是如何正確地運用規則二，大家存在理解上的偏差。

我請求幽靈在這個問題上解釋得更詳細一些，因為這樣可能對交易員來說更有指導性和操作性。通過看論壇上的網路留言，幽靈發現在規則二的理解上，存在不少問題。下面我們選擇幾個有代表性的問題，來說明如何運用規則二。

亞瑟：幽靈，從回覆中我們可以發現，對於大多數的交易員來說，規則二用起來不那麼順手。

幽靈：現在你該明白了，為什麼我們要花那麼多的時間來討論規則一和規則二。大家對規則一的理解毫無歧義，但對規則二的理解卻有不少問題。一些交易員對於規則二的真正目的還是感到疑惑，因為和他們的交易計劃比起來，規則二要求他們建立更大的倉位。

漸進式的建倉方式

　　對於我要告訴他們的事情，交易員們可能不太願意聽到，但是我知道他們還是希望我能夠誠誠懇懇。交易員們不希望在一個獲利倉位上增加籌碼，有各種各樣的原因。下面我會嘗試對其中幾點加以闡述。

　　亞瑟：為什麼對大多數的交易員來說，規則二好像不怎麼發揮作用呢？

　　幽靈：原因很簡單！他們剛一入市，就已經建滿了倉，但這並不符合規則二的主旨。倉位的增加應該是漸進的，即根據預期的價格變化逐漸加倉，直到滿倉。規則二所說的就是這個意思。

　　要知道，我不是對交易員有關規則二的觀點進行抨擊。在展開來談規則二之前，我們要把交易員所處的交易環境弄清楚。規則二是一個非常重要的規則，我們在交易中絕對不能忽略它。

　　除非你能看到規則二給你帶來的收益，否則你很難理解重倉對於交易員來說有多麼的重要。這當然需要我們做一些行為習慣改變。實踐是大多數交易員接受這個規則的必經的途徑，這比僅僅是

從案例中學習重要得多。但是，你不要通過犯錯誤來學習這個規則，而是通過你從遵守規則的受益中來學習。

通過舉例來說明規則二是如何使交易員們受益，不是件容易的事。因此，我們先解釋為什麼交易員們會碰到這樣或那樣的困難，並對產生這些問題的原因做深入思考。

正確的倉位應數倍大於錯誤的倉位

對於交易者來說，交易的本質更傾向於對你操作失誤所產生的負面影響。你很少從一個成功交易中體會到多少積極影響，相反，操作失誤的陰影倒是揮之不去。除非你對規則二的要求完全理解了，否則你會在該增加獲利品種籌碼的時候，卻做得很糟。

在理解規則二時，第一個常見的問題是交易員無法加碼，或者乾脆就沒有一個在獲利品種上加碼的具體計劃。他們可能面臨資金不足，或者沒有條件透支以增加額外的倉位。也可能只是由於交易員剛進場時就已經倉位過重，才導致了資金不足的問題。

你的倉位在操作正確時應該至少是出現失誤時的一倍或更多，但必須將這個倉位包含在你的交易計劃內。在一開始建倉的時候你不能冒險，否則就違背了規則。如果你一次性就滿倉，那你的交易方式實際上是一個當沖交易員的方式。

建倉的兩個問題

運用規則二出現問題的另一個原因，是許多交易員實際上都

在做當沖交易，所以他們儘量讓自己的倉位避免不必要的風險。但是，這種做法卻會使他們通過倉位變化來達到預期目標的可能性降低。因為滿倉交易的方式，會減弱你對突如其來湧入場內的批量大單的抵禦能力。

除非是在一個趨勢已經非常明確的市場裏，否則，在很短時間內我們永遠也無法預測市場下單的準確數量或是方向。當然，我們有自己的三波段理論（Three-Phase Theory），而且從某種程度上說，這個理論是確實發揮作用的，但是這個理論不足以使我們無須看場內交易單的數量就可以知道價格的走向。我們總是在事後回頭，才能發現價格的走勢，以及大略的支撐位或阻力位。

我希望交易員們能問他們自己兩個問題：其一，在你一開始建倉的時候，你是否建立的是你計劃好的倉位？其二，你是否在動手之前就已經對如何增加籌碼有所計劃了呢？如果你對這兩個問題的任何一個的回答是否定的，那麼你必須回頭去重新審視一下你的交易程式。這一點，我已經在前面說過了。如果你考慮到它，你就一定可以做得很好。也許交易員一開始並不會謀劃到這一點，因為很顯然，如果沒有正確合適的交易計劃的話是不會考慮到這個因素的。

真正讓交易者賺到錢的規則二

我知道要準確地表達規則二的內容是有一些困難的，所以我們

退一步來講述這個問題。從論壇的網路留言以及交易員對規則二的
牴觸情緒中，我發現大家對規則二都很茫然無緒。不過鑒於規則二
的難度，這些都是可以理解的。

　　我不希望告訴交易員們特別具體的交易計劃或是交易程式，我
所希望的就是你們一定要在倉位被證明是正確的時候，在這個倉位
上增加籌碼。

　　對於規則二我們必須考慮得更多一些，因為它不像規則一那樣
簡單明確，一目瞭然。而對我來說，真正讓我賺到錢的還就是規則
二。不過，規則二在長線交易中能發揮效用，在短線交易中是看不
到效果的。

　　規則二的優點不少，我們前面也討論過其中的幾個優點：其
一是它可以使你保持正確的思考方式，即要去不斷增強一個正確的
倉位。另一個方面就是，當倉位已經確認是正確的時，應該力求重
倉，這一點是毫無疑問的。我認為在你的交易計劃中使用規則二的
潛在優勢在於：如果使用得當的話，它可以使你在整個交易過程中
避免出現無度的頻繁操作。

　　如果從一開始就用規則二規範你的交易計劃的話，當市場走勢
符合你的判斷，並且成功套現的時候，你可能就不會沾沾自喜。交
易員總是希望自己一貫正確，但這種思維卻是成功的大忌。當然，
你還是應該爭取在交易中儘量做正確的決定。

　　你應該明白，當你覺得自己在市場中判斷正確的時候，這只是
一筆交易的開始；當你套現的時候，你也不應該衝著全世界大喊：

看，我有多正確呀！我問你，誰會在乎你是不是真的做對了呢？即使你是對的又怎麼樣呢？如果你可以把你的損失控制在很小的一個範圍內，而不是每次都贏了一點點的話，你會成為最優秀的交易員！你現在就應該記住這一點。

不為交易而交易，要為生存而交易

如果你真的希望自己擁有以交易謀生或賺外快的能力，你就應該在你的獲利倉位上增加籌碼。否則的話，你最多只能保本。

誰希望總是打個平手呢？反正我不想這麼做。我記得一個交易員曾經問我：在我剛開始做交易賺了錢的時候，我的感覺是怎樣的？她還希望知道我到底賺了多少錢。我告訴她，如果我每天賺不了一千美元，就不值得我去交易。但是，她說如果她每天能賺一百美元，她就會很開心了。我問她是否會在獲利倉位上增加籌碼，她說她認為沒什麼理由可以讓她這樣做。

我並不是有意地去取笑她，但我確實是覺得她的想法很可笑。當時我就指出，如果她每個星期有三天是賺錢的，而另外兩天賠錢，如果她再不在獲利倉位上增加籌碼的話，那麼她會陷入一個輸贏均等的遊戲裏。我的觀點是，在你有機會的交易日裏你必須把握機會，儘量增加你的利潤，這樣可以彌補你的損失。你不應該只是為了交易而交易，你應該為自己的生存而交易。

現在我不會再取笑任何人了！關於那些尊敬小交易員的話，我

是認真的。不過他們需要在考慮交易計劃之前，就應該明白在獲利倉位上增加籌碼的重要性。即使在交易前考慮了這一點，你可能也不會特別清楚具體應該怎麼做。所以在市場朝著對你有利的方向走來的時候，你必須有一個具體的增加籌碼的計劃。首先要考慮的是你需要多大的倉位來達到你的目標。你必須清楚，你自己無法決定你的倉位大小，應該由市場來決定這一點，而且只能是由市場來決定。

希望變得更好，改變行為吧！

　　規則二會告訴你，在建倉之前，應該知道你將付諸實施的是一個完整的交易計劃。現在規則二的輪廓逐漸清晰起來了。有些讀者看到這裏眉頭會舒展開來，他們大概已經猜到了我要說什麼了：正確地使用規則二，不僅可以使你免於重創，而且當明朗的趨勢是你可以大舉建倉的時候，這個規則還可以使你的倉位建立得更加充分。

　　現在，我還有意隱藏了規則二中隱含著的最有價值的一部分內容，雖然這樣做令我有點心理負擔，但我的目的是想看看誰能把這部分內容說出來。規則一是很明確的，在論壇裏最少有一半的交易員理解規則一的內容；但是規則二，我認為可能只有少數人能理解，而且他們的評論也並不都是很準確。

　　我發現有一位讀者能夠切中要害，但是，除了他之外，我認為其他人對規則二都知之甚少。

我可以告訴你們我自己的交易計劃，我的信號，我還可以告訴你們應該在何時增加籌碼，但是，這些對於解決如何在獲利倉位上增加籌碼的問題來說，就如同想在曼哈頓西區發現密西西比河並改變它的航線一樣，是徒勞無益的。

可能你把你的錢給我，讓我為你做交易，能更好地實現你的目標，但是，我不希望這樣。不要忘記我對交易新手是很有信心的，你自己可以很清楚地知道規則二的內容是什麼。但如果你陷入了過量交易或是透支的窘境裏的話，恐怕我是愛莫能助了。在你期待有大量的資金會抵消這些損失之前，你必須扭轉這種不利的局面。無論何時，你都必須在開始建倉的時候只建輕倉，這樣在市場趨勢按照你的預期發展的時候，你才有能力把你的倉位至少增大一倍。

規則一可以給你的資金提供一定保護，但是，能給你提供最大保護的卻是規則二！現在我將會告訴你為什麼規則二能夠提供最大的保護。對於我下面說的話你應該深信不疑。

你經常會聽到這樣的勸告：不要在一個虧損品種上加碼了！規則二可以使你習慣於輕倉出手。除非市場百分之百地按照你的預測運行，否則你千萬不要貿然滿倉。

那麼我為什麼會鼓勵你在進入的時候建立半倉呢？因為從一開始這就是一個失敗者的遊戲，你從規則一中就能悟到這一點。從規則二中你可以發現，要想正確地交易，永遠不應該在剛出手時就滿倉。

你一定期待市場能讓你的每筆交易都順利離場。當你交易正

確的時候，你一定能抓住一段利潤，而當交易沒有被確認是正確的時候，你就應該使你的倉位縮小一半。如果你運用規則一來清倉停損，上述方法就不會使你的本金驟降。

　　你開始看到規則二的價值所在了嗎？稍後我們可以舉一些例子來說明，但是，現在我們所需要的是對這個規則有更深刻的理解。每一個交易程式中關於建倉和加碼的內容都各不相同。如何理解規則二並把它嵌入你的交易計劃中，完全取決於你自己。

　　規則二不僅使你在倉位正確的時候能夠重倉，而且可以在倉位錯誤時降低你的損失。同樣，規則二還可以防止你過量交易。當然，你必須確信自己在正確地運用資金，從而使規則二可以更好地為你服務。

　　你在聽取了關於兩個規則的大量意見之後，必須自己加以分析理解，然後再實際運用這兩個規則。現在，對於規則二的背景你已經有所瞭解，這你更好地理解它應該是大有裨益的。

　　我們是否能更進一步，努力使規則二更加深入人心呢？這取決於我信任的交易員們是否能接受這個規則。如果接受，他們必定會達到我預期的目標，而我也會繼續為他們感到驕傲和自豪。

　　我再非常自信地強調一次：在大多數情況下，如果你希望變得更好，就會願意為此改變你的思想或感覺，就如同光鮮的衣著也可以改變一個人（編註：詳見第十一章）。那麼，上面的知識就是你的新西服。

　　亞瑟：你的觀點是，交易員正確地使用規則二便可以避免過量

交易，因為在整個交易的過程中，在剛進入市場的時候不要滿倉，只有當市場證明了倉位正確後，他們才應該在最初倉位上加碼。

不要一開始就滿倉，用規則二來逐漸加碼，而交易員通常都沒有意識到這一點。我說得對嗎？

幽靈：是的，我還說了哪幾點呢？

亞瑟：規則二可以防止交易員在虧損倉位上加碼，同時使起始倉位不要過於膨脹。對嗎？

幽靈：不完全是這樣的，我希望交易員們理解的一點是：只有當他們的交易計劃告訴他們應該加碼的時候，他們才能增大倉位，而不僅僅因為倉位被證明是正確的就加碼。只有當他們的所有倉位都已經加碼後，我們才可以說他們已經完成了建倉。

通常的情況是，當交易員覺得沒找到在已建倉位上加碼的理由時，也就是他們過量交易的時候。交易員們在絕大多數情況下對於為什麼要增加籌碼並不多思考，因為他們一開始就滿倉了，這使得他們一進戰場就面臨最大的風險，而這一點恰恰是你在交易中要絕對避免的。

你陷入了輸贏均等的遊戲嗎？

交易當然要冒風險，但是一定不要把風險最大化。如果在交易過程中你沒有計劃好如何加碼的話，就會很容易出現這種情況。

亞瑟：這就像下國際象棋一樣，在和棋後複盤時，你會發現如

果早知道可能和局，你就會很容易地獲勝。

幽靈：是的，這是很簡單的道理。交易員如果在他們的計劃中沒有運用規則二，而是在交易一開始就急於想有一個正確倉位，馬上擲下全部的籌碼，這就是過量交易。

如果交易員建倉後不能再加碼，一旦原始倉位被證明是錯誤的，他們蒙受的損失就會和期望獲得的利潤一樣大。我們不希望看到這種結果。請時刻銘記在腦海裏：如果不改變這些劣勢，交易將永遠是一個失敗者的遊戲。

比運用規則一更重要的是用好規則二，你會在交易中佔盡優勢。如果建倉時不預先計劃好倉位被證明正確後的加碼，你最多只是在玩一場勝負五五開的遊戲。

亞瑟：你認為這些內容足夠交易者去消化嗎？還是我們繼續討論？

幽靈：現在如同電梯外的人朝後退步等待電梯裏的人出來的局面（編註：詳見第十章），我們先看看還有多少反對規則二的人，再決定是否需要更多的討論。我對交易新手是有信心的，他們會成為最好的交易員。

我會考慮新手們提出的問題，但不能輔助他們很長時間。我會盡力讓他們成為最好的交易員。他們會成長得比他們自己想像的快。祝他們制定的新交易計劃好運！

亞瑟：不知道現在大家是不是已經明白了？我們是否理解了「正確」二字的含義？

Chapter 05

規則一加二
實戰示範

兩條必勝規則，

振聾發聵、簡單易行。

實戰示例、全程引導，

短線交易秘訣完全曝光。

亞瑟：幽靈，你的規則看起來相當簡單，你能不能用一些具體的交易舉例來解釋一下。

幽靈： 在交易中，規則是不應該被打破的。首先，你要設計自己的交易計劃，然後通過市場來證明你的建倉是否正確。你不要等到開盤的時候再決定這個交易日中你要做什麼，你唯一要做的就是根據規則一和規則二來實施你的交易計劃。

你對於自己所期望的目標瞭然於胸，也不需要每天都去猜想你的倉位會發生什麼樣的變化。市場會證明你的倉位是正確的，如果倉位不正確，很簡單，你直接清倉就可以了。所以即使市場證明你是錯的，你也不必過於焦慮。

當然，並不是每一次規則都會發揮作用，但這不是什麼大問題，因為從長遠來看，規則會讓你在市場裏立於不敗之地。不過你必須好好研究自己的交易計劃，以免再次做出錯誤的判斷。即使你犯了盲從市場走勢這樣的簡單錯誤，規則一仍能使你免於在交易中大幅挫敗。

亞瑟：我注意到論壇中有許多網路留言談到這個問題：在使用規則一的時候總要付出不少手續費……

幽靈： 舉個例子，當道瓊斯工業指數漲了３０點後我買入，並期望它在３０秒內再漲５點，３０秒之後，我清倉了，這筆交易損失了１點。市場在繼續下跌，儘管我付了不少手續費，但如果我繼續持倉，我的損失可能是手續費的３０至４０倍。

別想控制市場，控制好自己的資金吧！

你別告訴我應該繼續持有這個倉位，直到市場好轉的時候再清倉，而不是立刻清倉後對當前的形勢加以分析。儘管有些時候，事實可能證明繼續持倉是對的，但我的心理承受力通過規則一的鍛練已經大大增強了，這對我的下一次操作保持良好的心態很重要。

大多數交易員覺得犯錯誤是件很糟糕的事情，如果犯了錯誤，他們一整天都會悶悶不樂。其實，犯錯誤可以使你下一次不再重複同樣的錯誤，從而建立正確的倉位。如果在你計劃好的時間內，你的交易從未被市場證明是正確的，那麼你大可不必費力去把局面扭轉過來，直接清倉就一切ＯＫ了。良好的精神狀態在交易中很重要，如果你的頭腦清醒，那麼交易也會進行得十分順利。

我下面所說的話實際上不是經驗，而只是一種假設。把規則二擺在一個重要位置上，你們從交易中所賺的大筆錢財就會來得比去得快。你只需看看起初建倉時的趨勢，以及一旦市場轉向時你的倉位能否應付自如，就會明白：如果不遵守規則，波動的市場很難讓你獲得好收益。

不要試圖控制市場，而是應該去控制倉位，因為這會使你的交易簡化，同時可以增強你的交易能力。當你知道自己所期望的目標之後，就可以在建倉的時候實現這些目標。

如果你正在監督建造一棟房屋，建房過程將會由好幾個流程組成，那麼你首先要確保地基打得平，基線要直，這樣你才能放心

地離開，讓建築工人繼續進展，直到完全蓋好。建倉也是一樣的道理，如果基礎和標準完全做好了，你就可以進行下一步了。

但是，在過程中任何一個時候，前面已經完成的工作都有可能出現問題，比如說地基下陷使下水道爆裂了。如果是這樣，你又怎麼繼續房屋的建造呢？當然，你不能再幹了。你當然也絕對不能繼續同樣道理的一次交易，一次雖然曾被證明是正確但現在出了問題的交易。

在交易時你一絲一毫都不能放鬆，你必須知道在任何情況下如何進行下一步。你應該不斷練習交易中的標準，並使之成為你的第二天性。這就像是開車，當你對開車駕輕就熟的時候，駕駛技術已經在潛意識裏發揮作用了。

當你還是個新手時，你並不知道該怎樣進行交易。你不可能控制市場的走向，也不能控制資金進入市場。你拿不準什麼時候一檔實力雄厚的基金會獲利平倉或是在建立新倉位，其他任何人也不可能準確地告訴你這些事情。

你所要做的就是建立你自己的標準或交易計劃，把可能出現的各種情況都納入其中。我可以提供給你一個正確顯示價格趨勢的分析預測，它雖然可以使你對市場趨勢瞭如指掌，但你要知道，趨勢運行中一定會有反向的價格波動，這會讓你面臨巨大的挫折。如果你沒有足夠的資金，不能承受這個風險的話，我給你的這個正確的分析結果卻會讓你傾家蕩產。

如果你付出足夠的時間和耐心，也許你所獲得的利潤很少，但

你還是會有利潤的。可這不是一般的交易員所希望的,他們進行交易不是僅僅為了這幾個小錢,這點錢怎麼夠去度假呢?他們總是在尋求更豐厚的利潤。這也是我們要建立規則一的初衷之一。

如果大家總是想著賺大錢,卻看不到其中的巨大風險,總有一天會遇到大麻煩。而這正是你首先要碰到的,是你在做交易的時候必須要面對的。

交易是失敗者的遊戲,你必須學會如何去輸。那些每次只輸很少一點錢的大輸家,卻最終都能在交易中生存下去。

很明顯,那些每次都損失大筆資金的小交易員很快就會出局。有時,他們連靠邊站著學習的機會也沒有,失敗讓他們徹底喪失信心。相信我,我見過不少這樣的人。世界上最悲哀的事情莫過於失去夢想,但比失去夢想更悲哀的,是不知道自己的對手是誰。一個交易員必須明白且接受市場的現實,並通過自己的努力把不利的一面轉化為有利的一面,從而獲得利潤,獲得心靈的安寧以及自尊。於是在交易中,每一天都會是驚喜的一天。

你必須在建倉的時候就為這種意外情況做好準備。為什麼我說市場總是在給你驚奇?你有可能準確地告訴我市場將朝某一方向走多遠,但它中間是有許多反覆,還是一去不回頭呢?

你所需要做的就是消除市場對你的影響,當市場走勢對你不利時,不要讓市場控制你的倉位或是情緒。你開始預測市場的價格走向,然後根據分析結果來設計你的交易程式。

規則一＋二的實戰演練

當你開始某次交易時，不要把這次交易看成你所做的唯一一次交易，你可以做的交易有許多。如果你沒做錯的話，你不會錯過市場的每一次走勢的。

當持有價位合適的倉位時，規則一會讓你把一切盡在掌握。

行為習慣改變能夠以許多形式出現，但是你需要一個規則來告訴你去做什麼。有一個交易員推薦了一招「橡皮圈」：每次當你損失了一大筆錢或是交易失敗時，你就猛咬手腕上的橡皮圈（只要你還記得這麼做）。我不喜歡這種方法，但是它比其他那些方法要好一些。

你不應該因為一次輸錢的交易而心情沮喪，而是要對輸大錢的操作深刻反省。

如果運用規則一，你就不會再覺得情緒低落。你根據交易計劃開始交易，市場可能證明你的倉位是正確的，也可能證明倉位是錯的。你沒有必要覺得沮喪，在一個合理的時間內，如果市場沒有證明倉位的正確性，那麼它遲早會變得不正確，既然這樣，你為什麼不早點撒手呢？

亞瑟： 看起來應該更謹慎地決定是否建倉。如果你的建倉是錯的，我的意思是沒有被證明是處在正確的位置時，你需要多花時間思考在哪裡建倉，而不是能在市場中持續呆多久。

幽靈： 比較合理的做法是，在你開始交易之前為下一步行動做

好計劃。我猜想９５％的交易員是先開始交易，然後就等著市場去證明他們的倉位是不合適的。即使倉位被證明是對的，他們馬上就會考慮清倉的時間。這樣做符合人類的天性，這種天性為他們生活中許多的行為都找到了合理的解釋。

亞瑟：人類的天性正是你所說的這樣。不管是交易員還是從事其他職業的人，我知道你對於人類的天性有很深的研究，現在也許我們可以談談你掌握的資料。

幽靈：我現在先舉出一些例子，然後讓讀者作出自己的判斷，我們可以在關於行為習慣改變那一章再來討論這個問題。

亞瑟：我有一些問題是關於清倉時機的，我知道這有點打亂討論次序了。但是，我還是覺得我們應該討論規則二。

幽靈：　好吧，最普遍的問題是什麼時候清倉最合適。實際上規則二對這個問題作了很好的解答：毫無例外並且正確地對你的獲利倉位加碼。你所需要做的就是在已經證明是正確的倉位上加碼，你要增加你的倉位，而不是去沾沾自喜地清倉。

你不應該在市場將要證明你的倉位是一個正確的倉位時就清倉，這樣你犯錯誤的機率和做出正確決定的機率一樣大。如果你已經被證明是正確的，當然你應該繼續操作下去。

我們有兩個規則，避免我們在出現不確定性的情況時蒙受損失。許多交易程式讓交易員很多時候靜止在一個倉位上呆若木雞，因為他們覺得反正市場不是上升就是下降。這真是一個愚蠢的想法（也許我的言辭激烈了一些，我本該更寬容一些）。我把他們劃入

這樣一種類型：嘴上說的是一套，實際做的卻完全是另外一套。

有許多次，我看到一檔基金在市場中拚命下買單，目的卻是為了可以在市場中大筆賣出。這種操作方式，是想利用市場裏的不確定性因素來取巧。如果你哪一天看到我同時在大筆競買和競賣，那我一定是頭腦糊塗了。近來我是比以前要糊塗了不少，但我的操作可沒有變得這麼糟糕。

讀者們當然要問：我們怎樣才能運用這兩個規則呢？

用市場的即時行情來舉例說明可能會更容易一些，但是現在我們在這裏只能有後見之明，所以這次我們嘗試另一種方法。讓我們使用一個很常用的當沖交易技巧來進行一次交易作為案例，但請注意，我不會給出我的判斷結果。

如果我們進行一次洋蔥的期貨交易，它的開盤價位在９９９－１０００點（１０美元）區域，剛才它的價位是１０００點，然後升到了１００１點，你的交易計劃告訴你應該買入，於是你下了買單。你在１００２點的時候成交了。為什麼會是１００２點呢？因為要確保建立倉位，你多付出了１個價位。這不算壞，大多數情況下這是個小數目。

我們現在是討論執行的重要性，還是繼續討論這筆交易？讓我們先繼續討論交易的性質，然後再說執行的重要性。

現在你在１００２點是多頭，按照規則一，你假設這是一個不好的交易，直到市場證明交易是正確的。如果市場沒有證明，那麼你將清倉。到現在為止，一切順利。

交易程式的三個參考標準

在當沖交易中，證明你做得正確的標準是什麼呢？大多數人會說，這取決於什麼是錯誤的。

不對，我們就是想知道正確的標準是什麼。我們的交易程式提示三點：一、開盤的頭半個小時內，價格應比昨天收盤價低，而且正在走高，預計在交易日的上午將突破昨天的最高點；二、價格在頭半個小時停留在前一天的上半個交易波動區；三、在收盤價上一定要有3點以上的利潤。

現在的問題是，按照這個程式，下一步該做什麼？

只有你制定的標準顯示出你的倉位正確，這才是繼續持倉的理由。另外一些在你的交易程式中可能需要的資料是：昨天的波動區域，昨天的最高價，昨天的收盤價。如果你的當沖交易計劃告訴你使用開盤突破法，昨天的資料也是證明你是否正確的一個標準。

拿我們剛才舉的例子來說，昨天的最高價為９９７點，波動區間為９９１－９９７點。如果市場在開盤頭半個小時的最後才為９９７點，你該怎麼辦？有趣的是，你現在必須決定是否清倉。

我們交易程式的第一個標準和當沖交易策略有衝突的地方，但是你仍在價格突破開市區間時買入。我們不在乎兩者是否衝突，我們只在乎我們的倉位是否正確。

市場已經開盤半個小時，現在價格是９９７點。正如你所知，在開市之前你就必須對你的交易程式和你要做的事情十分清楚。按

計劃，在交易的頭半個小時你必須處在前一日波動區域的高點，這樣你的倉位才是正確的。

現在你確實站在昨日波動區域的高點嗎？

我不打算直接給你答案，這樣你就需要動動腦子。現在我們進行下一步。如果在午市收盤價為９９６點，你還持倉嗎？上半日的交易中，交易價格確實突破了昨天的最高價（９９７點），但開盤價（１０００點）卻沒有比昨天低。

按照交易程式，我們在頭半個小時裏持倉是正確的。

現在上午的收盤價下跌到９９６點，（我們是在１００２點買進的），還是處在昨日波動區域的高點。我們仍然持倉。

這是一個不好的建倉，因為與我們的程式相矛盾。我們本該在開盤價格更低些時建倉，但是開盤價格沒有那麼低。好吧！我們是當沖交易者，我們是用突破開盤區域法建倉的。即使我們的建倉位不是最好的，但是也不能算差。

現在，市場的收盤價成了９９２點（我們是在１００２點買進的），我們仍然要持倉嗎？你現在應該已經知道答案了，為什麼呢？按交易計劃在收盤時我們必須有３點利潤，即達到１００５點我們才會持倉。

你怎樣才能避免這種情況的發生呢？你本應該在午市後發出一個收盤停損指令：午市收盤沒有達到１００４點的時候，就停損清倉。

市場必須被證明再證明

　　這個例子給了你許多有趣的情形，就像規則一一樣，人們對其有許多疑問。規則一的確能讓你在收盤的時候退出交易，因為基於已有的標準，你的倉位沒有被證明是正確的。但規則一不能使你避免建立錯誤的倉位！那是你自己的事，你必須自己解決規則和你交易操作中的衝突。

　　記住，我剛才所舉的例子和你在交易計劃中預計的情況大相逕庭。你沒有辦法制定出這樣一個程式：如果市場沒有跌到９８０點，就可以一直期望這個市場會漲到１１００點。必須有一個期限表明希望何時到達１１００點。當市場不再上揚，不管你的期望值是多少，還繼續持有倉位，這就是不明智的做法了。

　　市場必須證明，再證明。儘管你的程式可能包含一個或簡單或複雜的策略，但是當倉位並沒有按預期的那樣變化的時候，這個策略就是錯誤的。並不是你的停損點被觸及才算是錯誤的。

　　停損點？是的，我們確實使用停損點來避免損失。但是，停損點和標準的作用是不同的。停損點不能證明我們是錯的，而標準卻可以。我們需要不同的標準來認定所建倉位是正確的還是錯誤的。規則一可以使你清除被證明是錯誤的倉位，但是它不能補救已經建立的不良倉位。在開始之前一定要瞭解自己的交易計劃！

　　在剛才的例子裏，如果在開始操作前就明確了自己的交易計劃，你就不會在剛才的位置建倉了。

亞瑟： 我現在明白你的意思了。但是，大多數的交易員怎樣才能正確地交易呢？

　　幽靈： 我再舉一些其他的例子，但是，所有這些最終都要歸結到證明倉位正確性的標準上來。

　　如果你每天晚上都關注新聞，然後制定自己的交易計劃，那麼你的計劃將有很大不同。你的倉位必須要更小一些，這樣你就有更大的調整餘地來運用你的標準。

　　在上面的這個例子裏，你不該在開盤時運用突破開盤區域法建倉。因此，那些操作不該出現在你的計劃裏。你的標準應該讓你以高於昨日最低價一個或兩個價位買入，以及有一個交易期限。例如：上午十點以停損點９９３點清倉，假如市場不是按預期方向運動的話。

　　我們的標準明確顯示，開盤後，交易品種價位如果在頭半個小時後處於波動區間的下半部，那就要清倉；如果這個倉位是正確的，其價位必須在頭半個小時後處於波動區域的上半部。

在狹窄的道路上開大車，適合嗎？

　　另一個標準必須遵循OCO指令（譯註：如按上述計劃同時下了買入和停損指令，任何一個指令被執行後，另一個就取消）或收盤停損限價指令。不是所有的經紀人能接受所有的指令，所以你的計劃中必須包含對這種困難的可能性做出相應考慮。

在交易中，任何一個條件沒有達到，你就必須相應減少你的倉位。建立一個有效的長期計劃。你所需要的工具越少，你所走的路就越寬。這和行車是一個道理，因為在那些狹窄的道路上，上路前先想辦法開小型的汽車（相當於交易的小倉位）才是當務之急。

既然現在你們已經注意到這一點了，我想再來談談關於兩個規則的使用問題。你一定深深地體會到交易的艱難，你希望成為一個眼光獨到的交易員，那你就需要在當沖交易收盤前掃清所有障礙。

亞瑟： 我想問你一個困擾了我幾十年的問題：在你建倉的時候，你能感覺到自己建了一個好倉位嗎？

幽靈：從來沒有！你知道為什麼嗎？如果一個交易員總是認為自己非常出色，那他很快就會出局。我在我的交易計劃範圍內能做一個好的交易員，但是誰能說我所做的預測就一定別人更準呢？在市場證明倉位的正確之前，我什麼也不知道。

在交易中輕率地認為自己能做得很棒，相當於提前給自己簽了一張死亡證書。但是，絕大多數交易員確實對於自己所處理的交易感到相當有把握，而且他們只對那些自己確認有賺頭的交易下單。

有句老話說，市場永遠不會錯。我不想直接地駁斥這句話，但是，我覺得情況不總是如此。儘管在某種程度上，這句話道出了按價格交易的本質。

市場總是大起大落，要做到百戰百勝是相當有挑戰性的。一旦我們瞭解到市場正在走向極端，就應該利用這種走勢為自己服務，並使其成為自己的優勢。但是，沒有幾個交易員能做到這一點。

你必須利用規則，從而成功地使獲利倉位更加賺錢。我們經常不瞭解成功的重要性，這和你平倉套現的原因是一樣的。誰又真正在乎市場是不是總是正確的呢？市場價格和收益，才是需要我們好好權衡的。

在交易中，除非倉位完全處於自己的控制之下，而且市場已經證明了其正確性，否則對於大多數的交易員來說，沒有什麼東西是讓人稱心如意的。我知道自己有點囉嗦，但是，沒有更好的方法能讓讀者對這些重要的資訊印象深刻了。

我不想看到新交易員在交易中被市場吞噬，但遺憾的是，這種事情卻時常發生。新手在絕大多數情況下被老手們擋住了發展的道路，在資金量上也備受限制。如果交易新手能夠體會到事情的緊迫性和重要性，他們應該可以做得更好一些。

第一步就想想我們提出的規則吧，我知道這一點，是因為我也曾經在一個狹窄的跑道上開著一輛體形龐大的車。比較而言，當然是在寬闊的馬路上開一輛小巧輕便的車更好一些，可惜交易中的情況並不總是這樣。

每一個具體的交易員個人，是我最希望回饋的對象。他們的夢想就是我的現實。他們必須成功，如果沒有成功，也不要埋怨提供資訊的人，照照鏡子就知道失敗的原因了。

亞瑟：你和我都是交易員，難道你不覺得對於你來說，把你的寶貴經驗寫下來提供給別的交易員是一件很奇怪的事情嗎？

幽靈： 別驚奇，你會知道你所寫出的內容可能比你原來預想

的還要好。

收盤的時候是學習交易的最佳時機。大多數交易員只是在開盤的時候才學習，這是一個大誤解，因為只在盤中學習的代價很大，而且很容易受個人情緒左右。收盤後的學習是一枚硬幣的另一面，絕不能放棄。

除了市場，誰也無法告訴你該持倉多久

亞瑟：對於交易員和讀者們關於規則二有關的問題，我們需要再舉一些實例來說明。什麼時候我們應該在獲利倉位上增加籌碼？什麼時候我們應該賣出？

幽靈：　我知道他們希望我告訴他們，剛才說的只是一個計劃而已，做起來會很簡單。但是，我不會這麼說的，因為正確做到你說的這點，需要勤勉努力、經驗積累和正確的執行力。

大多數交易員——我不是想把交易員嚴格地進行分門別類，而妨礙他們的發展——在剛證明倉位是正確的時候，就急急忙忙地清倉。他們忘記自己交易的真正目的是什麼了，不僅僅是賺取越多的錢越好，最重要的事情是：在最短的時間內做到這一點。如果能這麼做，可能會使他們的交易如履平地。

我不會忘記我母親的話。那是一個交易日，她來交易所看我，她問我當天的工作成果如何。

我說我損失了一大筆錢，因為那天我整整一天都沒有做交易。

她的回答是：「我就不會像你這麼做。」

你也許不會這麼做，但是，這恰恰是交易員每天都在做的。他們在自己母親參觀的時候不做交易。相信我，即使在交易時間內你母親每天都來看你，你也不要中斷你的工作。

幾天前，我被要求遠離交易場，在一艘很棒的郵輪上充分休息了五天。如果你對自己的交易不能專心致志，那代價會很大的。你必須一刻不離專心照料你的倉位，不存在長線交易！只有轉化為長線持有的倉位。

任何時候都不要相信別人告訴你的他自己有長線倉位這樣的話。他們怎麼會知道自己的倉位是長線？根本不會有人知道，只有市場才能時時刻刻提醒你，你的倉位應該是什麼性質，而市場在每個交易日都有變化。別問我的想法，我的想法不重要，我只能把最高的成敗機率告訴你。至於市場告訴了你些什麼，只取決於你自己的思考。

亞瑟： 那麼規則二呢？

幽靈： 我只能通過舉例來說明。假如大豆市場以８５－８８點開盤，在頭半個小時後最低價仍是８５點，但是最高價升至９０點。如果你昨天所建的倉位已經有了不少的利潤，你該怎麼做呢？你會平倉獲利拿走你一半的利潤，還是在現有的倉位上繼續加碼呢？

我會告訴你大多數人的做法：他們會全部平倉獲利，因為這樣做就證明了昨天的建倉又一次被證明是正確的。

你認為正確的答案是什麼？

你必須運用規則二。但你不要加倍增倉或者更多加倉，使你的倉位變成一個倒金字塔形。市場有可能很快地從最低點上漲，但萬一你判斷錯了，那麼你將不得不努力挽救你所新買進的那些籌碼。如果你要加倉，就不要投入太大數量的資金。你的計劃必須告訴你，當你昨天的操作正確時，你要沿著那根脈絡增加你的倉位。

爭論在於：「我並不確定價格會一直上揚。」 那又怎麼樣呢？其實我們從來都不能確定這一點。為什麼不趁著能夠確定的這一時刻採取行動呢？

只要你運用規則一，即使你錯了也沒有多大關係，因為你已經為自己留了後路。在使用規則二的時候不要忘了規則一。

有些交易員會說，他們真的不知道該在哪裡建倉。其實不然，我認為他們知道。「執行」意味著你保證自己擁有可以加碼的倉位。在很多情況下，執行是交易的最重要的部分。如果你的手中空空如也，你又拿什麼來清倉呢？我知道你以前聽到過這樣的說法，當然這得有一個很好的前提，你必須加上「當倉位被市場證明是正確的」這個條件。

永遠守住規則一，機會來了放膽採用規則二

我們現在可以指出這些明顯需要加碼的情況，其實事後回頭看時它總是很明顯的。問題是：當你在倉位和價格走勢上花費了這麼

多時間以後，你必須相當清楚，到了該獲得利潤的時候了。

不要清倉，要在你現有的倉位上加碼。如果倉位沒有被證明是正確的，則果斷清倉，然後等待機會在另外一個不同的價位重新建倉。增加籌碼而使你損失很少幾個點的價位又有什麼關係！在市場井噴時，加碼會讓你獲利頗豐，如果你體驗過這種感覺，你就不會猶豫。市場會抓住交易者錯誤的習慣將你甩掉，這種情況是經常發生的。

當市場上揚更高或下跌更低的時候，你處在從獲利平倉者手中拿走籌碼的位置上，大膽去動手，但是，要運用規則一，這樣你就不用擔心自己是否能夠擁有正確的倉位。其實怎麼做都沒關係，因為規則一會讓你做出正確的決定。犯錯誤並不是壞事，只有在犯錯誤時你才能汲取教訓，從而在操作正確的時候獲利。

大多數交易員在做交易損失一大筆錢後，就不敢進行下一筆交易了。脫離市場的軌跡是不對的，這會使情況變得更糟。每次交易不要與市場的節奏差得太遠，這樣的話你就容易隨時回到正確的路線上來。

亞瑟： 幽靈，我覺得你說的話不是每個人都能完全弄明白的。

幽靈： 不是每個人都有能力做好他們必須做的事情。交易員自己要培養這種能力，然後堅持那些規則。在規則裏運用保護機制，不要按自己的意願隨意更改或曲解，要按規則的本意去使用它。因為如果使用不當，最終會對你自己造成傷害。

亞瑟： 我們可以舉更多的例子來說明，但我擔心讀者會覺得厭煩。我們能夠列舉每一種情況，然後解答讀者提出的大多數問題，但我認為這次不需要這麼做。

幽靈： 是的，我完全贊同，因為要完整地闡述一個命題不一定取決於表達得有多好，我們要看讀者對話題的印象有多深刻。這取決於交易員自己是否能夠深刻地理解自己的角色。他們可能一開始會犯錯誤，但是，當能夠正確運用這些法則的時候，他們在交易中也就能越來越得心應手。

在做交易的時候設計一個交易系統是個很好的主意。我建議他們基於自己所掌握的知識建立一個標準。你可以從點線圖開始學習市場的特點。即使是別人的線圖，你也可以從中看出市場是怎樣運行的。

我的意思不是說沒有好的交易程式，我只是說交易員必須完全理解這些程式裏的標準，來決定建倉和清倉。這些程式不會包含規則一和規則二，這樣你不得不把它們整合到程式中，但是，這樣做可能會使程式失去原有的效應。

所以向那些程式的賣主仔細表達你的要求，你所關心的是能使你的損失保持在一個合理的範圍內，以使你能夠在交易場上立於不敗之地。

Chapter 06

規則一、二
之外的問題

進入交易圈目的是賺錢？

還是要立於不敗之地？

誰都希望魚與熊掌兼得。

但如果你在交易圈的時間不夠長，

就不可能賺到錢。

所以，

生存是比較重要的。

亞瑟：幽靈，大家針對規則提出了許多問題，能不能進一步談一談你怎麼看待大家對交易規則的反應？

規則只適用於短線交易嗎？

幽靈：我看到有許多評論認為規則是專門用作短線交易的，我想在這裏澄清一下。交易員們之所以有這種看法，是因為他們仍然超出了自己的資金範圍在進行過量交易。如果不進行過量交易，規則一和規則二對長線和短線交易都是適用的。

我曾經見過一個網路留言的提問：究竟應該做多大資金的交易？希望我給出一個確定的數位。我想大多數交易員都希望成為短線交易員或是當沖交易員。的確，交易期貨需要有很敏捷的行動，這會讓交易員誤認為所有的交易都是短線交易。市場來回波動，搖擺不定，如果存在過量交易的問題，會讓你賬戶上的資金在瞬間蒸發。沒有什麼比這種情況讓交易員更快地徹底失敗。

不論是進行長線交易還是短線交易，規則都是必需的。如果你根據一個進入市場的信號而建倉，兩個星期後，市場並沒有像你預期的那樣發展，可你還保留著原來的倉位。這種情況下你本應該運用規則一，而不是規則二，你不應該再在倉位上加碼，因為市場並沒有證明你的決定是正確的。你可以持倉兩個星期，但不應該過量交易，從而使你的損失急劇增加。

如果你希望趨勢繼續或是有所發展，你可能會持倉兩周。但你

絕不能過量交易，否則市場有一點小的波動都會使你損失慘重。如果你過量交易，那麼你會被迫在某個在對你很不利的情勢下結束交易，同時還要遭受猝不及防的損失。

在長線交易中使用規則一，從小倉位開始會有更好的效果。而規則二會在長線交易中對小倉位作出補償。在長線交易中想要證明你的倉位是正確的，可能花的時間會更長一些。儘管時間太長會讓你損失的幾率增大，但是，如果一開始不是過量交易的話，你還是會得到一個比較理想的倉位。

別忘了建倉信號不一定每次都是好的信號。你必須提前設置一個價格區間，而不是一個具體的價位，這可以防止我們過量交易。一旦倉位被證明是正確的，規則二可以使你在倉位上增加籌碼。從長期來看，規則二如果要正確發揮其作用的話，我們所談論的這個交易區間比大多數交易員想的要寬一些。

大多數交易員所做的每筆交易總是各有不同特點，而正確的做法是：在你的賬戶裏每一筆交易都應該執行一樣的標準。如果你的賬戶裏的各筆交易各不相同，你就得讓市場來為你做決定，這種做法和一個好的交易是相矛盾的。同時還要記住，剛才所說的內容可不是指在你的交易裏每一筆交易都是不重要的。

我曾經見到不運用規則進行交易的惡果：市場已經證明了倉位有問題，卻沒有把壞倉位及時清除，一筆很小的交易最終變得負重如牛，損失越來越大。相信我說的話，如果沒能正確地做好準備的話，情況會對你十分不利。當你的倉位很小時，如果市場沒證明倉

位是正確的，你的交易計劃也告訴你需要及時清倉，那麼此時運用規則會更容易一些。

我收到幾封交易員寫來的信，信中告訴了我他們使用規則的訣竅。規則之所以對他們有效，是因為他們有計劃，而且可以正確地使用。計劃必須和你的交易十分吻合，而且你要能正確地運用這些計劃。不論是幾分鐘、幾星期或是幾個月的交易，規則一都適用。但是，很重要的一點是，在市場證明倉位不正確的時候，你必須清倉，此時不要把倉位留在市場裏。

不要在意進行大手筆交易時你的倉位大小，因為你的計劃已經包括了硬幣的另一面。規則二告訴你要在已被證明的倉位上正確地增加籌碼，但是，對我來說是正確的事情對你而言卻並不一定正確，因為你對市場的瞭解程度可能要稍遜於我。

輕倉操作，持盈保泰

亞瑟：你能否就規則與長線交易的關係更詳細地進行解釋？

幽靈：具體的某一個交易計劃不會放之四海而皆準。在長線交易中正確運用規則的方法是：在心裏牢牢記住它，當你做到使用規則準確無誤時，輕倉是通向成功的關鍵。

我曾見過一個網路留言，不過我忘記了作者是誰。他說自己建的倉位總是比其他人要小，但是在年底盤點時，他賺的錢比那些習慣建重倉者要多。小倉位是很有利的，它可以讓你用正確的反應來

保護資金。有時候市場環境需要積極一些的交易，這個時候就要利用好規則二。我曾經在CBOt市場遇見過一位令我吃驚的交易員，他每次都能很正確地運用規則二，每次都能在已經證明的好倉位上積極並且正確地增加籌碼。

　　這一年來，我仔細讀了許多的網上留言，「小」的秘密逐漸浮出水面。我希望交易員們在轉成為長線交易員時，對回報率的要求能夠更加現實一些。你不會只因為轉做長線投資，就一下子能賺一百萬。賺一百萬的大有人在，但是，你如果只是花了太多的時間去幻想，自己不付出全部精力，就想進入百萬富翁的行列，這是完全不現實的。

　　亞瑟：你所說的就是，運用你的規則進行長線交易，應該先建立小的倉位，然後在合適的時機積極出擊，對嗎？

　　幽靈：不錯！聽起來好像變魔術一樣，你從一個口袋拿出東西到另一個口袋，直到最後一個，前提總是口袋裏確實是有東西的。小可以變成大。但是，如果你一開始就建立比較大的倉位，在交易的過程中，總有一天大會縮回到小的，這可不是什麼好事情。

　　我從我看過的許多交易員的網路留言中很容易地發現，不少交易員都在過量交易。我對許多交易專家、交易書籍作者以及研究人員的唯一不滿之處，就是他們在幫助交易員取得成功的時候，沒有把過量交易的問題寫得更清楚一些。

　　我自己就在做交易，所以我經常注意到市場上的不同作者和專家的文章。我確定他們所說的大方向經常是對的，但是當市場情況

發生改變的時候，他們通常不能預見到這種改變。我不是在埋怨這些作者和專家，我只是希望小交易員們必須意識到這一點。小交易員如果建的倉位不是太大的話，他們對於這種改變就有可能很敏感地覺察到。

我昨天看到了一個共同基金交易員的清倉過程。起初他覺得市場快要見頂了，所以開始動手，但當市場真的見頂的時候，他的倉位還是太重，以至於無法完全清倉。不過我認為能夠正確估計局勢已經是很重要的一點，把資金放在這家共同基金裏會是一個很好的選擇。如果小交易員能夠正確地制定他們的交易計劃，他們會有很大的優勢。我希望指出的另一個問題，是從我多年觀察小交易員的經驗中總結出來的：什麼東西最可能改變你在交易中成敗的可能性？如果有人給你一雙可以讓你跳五英尺高的麥克‧喬登（Michael Jordan）的球鞋，你就可以成為籃球高手了嗎？

在交易中，我們在哪裡才能得到這雙鞋呢？

首先，在我們建倉的時候一定不要先建重倉，因為這個倉位還沒有得到證實。我們建倉的唯一依據就是我們得到了一個信號。我們知道市場的方向正確，只是不知道市場能沿這個方向走多遠。

因為我們的倉位小，所以我們必須有一個可以增大倉位的計劃（規則二），否則，長期來看我們的贏面就無法超過一半。

其次，就是必須把我們所作出的努力和自己的期望值區別開來。每個交易員都知道，做交易的目的就是希望得到滿意的收入，這是他們的工作目標。但是，總想著在交易中能輕易地大賺一筆的

念頭是錯誤的，這種念頭會讓你在交易中損失慘重。能否將大筆的損失減少到最低點，這取決於交易員自己的努力，否則的話損失就會很多。

我不是說你不應該思考如何致富的問題，但是，你在交易中不要總抱著這樣的幻想去操作。在交易中你唯一應該經常提醒自己的念頭應該是：我會在交易中損失一大筆錢。

這個念頭，就是可以幫助你跳五英尺高的魔力鞋。

建倉、加碼、清倉，以及正確使用規則來保護自己不被從交易場踢出去，作為一個交易員，你的工作就是為上述過程建立一個行之有效的計劃。你不能只把眼睛盯在自己能賺多少錢或是希望自己賺多少錢上面。你的計劃和目標會給你正確的信號，你的規則可以讓你得到正確的保護。

你必須時時刻刻集中注意力，關注如何使自己的損失降到最小。跳五英尺高的能力會在你已經忘記它的情況下悄然來到身邊，那就是在你注意減少損失的時候。

使你的損失保持在一個相對低的水準，這是一個長期任務。你可能會問，如果你已經建倉，而且在短短幾分鐘內倉位突然變得不妙，在完全清倉之前如何減少損失？我認為，這取決於你的賬戶大小，它是否能夠承受住事先沒有預料到的大災難。

我給你們舉一個我認為最好的例子，來說明保持較少損失的道理。曾經有一個交易員對我說，他有百分之八十的交易都是賺錢的，於是我就觀察他的交易方式，看看究竟是怎麼回事。我發現，

當一個交易對他不利的時候，他就一直持倉，直到這個倉位變得有利潤。至於餘下百分之二十的交易，他卻損失了很多錢。是的，雖然他確實在百分之八十的交易中都取得了成功，但是他的淨收入卻是負的，因為他不明白交易成績與贏了多少次的比例沒什麼直接關係。

交易最重要的一點，就是你的收益不僅僅取決於你贏了多少次或輸了多少次，更是取決於你的損失有多小。先關注你輸了多少，然後再關注你贏了多少。

在我做過的交易中，我輸的次數比贏的次數多。我可不想告訴你我輸的比例有多大，因為如果你知道了，你肯定不想看我的書。我不是一個好的贏家，但是我很擅長輸。從有技巧的輸中獲取利潤，這是我的長項。

麥克·喬登（Michael Jordan）也是一個優秀的得分手。並不一定是你投籃的命中率有多高你才算厲害，最後還是要看你能得多少分。

亞瑟：你會讓一些讀者感到困惑。我知道你交易中贏的次數有百分之幾，你說的沒錯，因為如果說出來會嚇壞我們的讀者的。我不會洩漏這個數字。那麼你建議交易員如何使用這雙交易中的新鞋子呢？

幽靈：首先要清楚，我們是從建倉開始談起的。比如說我的賬戶裏有５０００—１００００美元本金。我是靠這點錢賺錢呢，還是想在交易圈裏長期生存呢？當然，我們都希望熊掌和魚兼得，但

是，如果在交易圈裏活的時間不夠長，就不可能賺到錢。所以生存是兩者之間更重要的。我們需要找到一種可以使自己長時間生存下去的方法。

　　我們再拿大豆期貨打個比方。假設我簽了一個５０００蒲式耳的合約，我在漲跌停板可以承受的損失是３０００美元。我不想賠錢，但知道我有輸的可能。當漲跌停板是３０美分的時候，我預料會損失３０００美元，但是，我一定要使用限定風險的規則，給自己設置一個退場的風險程度。

　　有一個好的建倉計劃，我就可以減少預期損失；再有一個好的清倉計劃，我可以更加降低損失幅度。我的交易計劃不會是在漲停板或是跌停板的位置建倉，同時如果有機會使用規則二的時候，我會在限定位置上增加籌碼，不過我們現在先看看一開始的建倉。

　　最壞的打算是損失３０００美元，在賬戶是５０００美元或者１萬美元本金時，我們預期一開始就可能會有３０％－６０％的損失，即使是這樣，我們還是在大豆出現建倉信號時開始進行交易了。

　　在這種情況下該如何進行交易呢？首先，在開始交易時要降低已知的風險程度。例如可以通過小額交易來降低風險，你可以在中美洲交易所簽訂一個１０００蒲式耳的合約。另一種方法就是，找一個６０天期限保值比率為２０％的期權合約，將它納入自己的賬戶組合中。尋找這個合約，如同尋找趨勢突破點建倉是一樣的，這也是在交易。這樣，如果在交易的第一天裏出現了最糟的狀況，你

也只是損失６００美元，而不是３０００美元。

在上述情況下，我們的已知風險已經被限定在６００美元內。下一步，我們要知道什麼時候倉位能夠證明自己是正確的，然後再繼續降低風險。如果你不能看到即時行情，並且在下單時也無法與場內進行任何聯繫，建倉就顯得格外重要。如果你的倉位建立在趨勢中的三重頂或三重底位置，你就要容忍損失６００美元的風險。但是，你要是有一個足夠好的交易計劃，它不允許你在那個位置建倉，你就會減少三分之一的損失。此時，你的損失最多是４００美元。

別在三重底賣出，或是在三重頂買進。你也許會錯過一些行情，但是為了保證生存，我們要捨得放棄這點利潤。同時，這樣做還可以避免你總是追逐市場。市場每天都有最高點、最低點和波動區間，利用它們來為你服務，但是，不要總是跟在市場後面。保持主動吧，即使暫時失掉了一個交易機會，換來的卻是在市場裏的長期生存。

建倉後的下一步，是對你的損失機率進行限制。有一些倉位需要及時清除掉，以免第二天可能有更大的損失。市場經常會被某些因素限制到動彈不得，而這些因素又會很快地失去作用。你不能讓你的倉位被鎖定在停板上，唯一的做法應該是在被鎖定之前就清倉。

如果你在大豆上是多頭，而且目標價位還是在市場這一天可能的波動範圍上面５－１０美分，你最好做好清倉計劃，即使市場在

你清倉之後有可能回升，也要堅持這樣做。比如你做多目標價位是
４０美分，但現在市價低於３０美分，只比跌停板高出１０美分。
你的交易計劃中，賣出的目的是限制損失，因此不能讓你在跌停後
形成的三重底賣出。那麼在什麼情況下，你應該放棄一個將來可能
回升但現在看起來不太好的倉位呢？如果大豆市場在２０－３０美
分的範圍內波動，你也知道，在這種情況下市場回升到４０美分是
極其僥倖的事情。如果我們考慮底部那僅僅１０美分的空間，風險
可太大了。所以，如果市場在距離頂部或底部１０美分的時候，我
們就應該在這個停損點上清倉。

　　在這個１０美分停損點上清倉，可以降低我們的風險。所以現
在我們一共大概只會損失３００美元，這僅是原來合約風險的十分
之一。最多損失資金的３％－６％。這是我們可以接受的範圍。

　　上面的例子對你的所有交易是一樣適用的。只要你一開始的倉
位足夠小，這樣不論是情緒上還是金錢上，都對你不會有太大的影
響。你有這雙新鞋子——這就是你做好了損失很多次的思想準備，
同時還要能控制每次損失的數額。

　　你會賺多少錢？誰能回答這個問題呢？當你不在乎你能賺多少
錢的時候，你才會真正賺錢。自己會損失掉多少錢？能承受多少錢
的損失？只有你能就這幾個問題做出正確的判斷時，你才能很好地
控制你的賬戶。

　　你也不應該排除對於利潤的積極預測，只有你的利潤比你的損
失多的時候你才會進行交易。我的意思只是提醒大家，不要對獲利

有過高的期望值，因為這會使你在不適當的時候持倉時間過長，從而造成更大的損失。

任何時候都不要忘記限制你的損失額。如果你的交易量足夠小，然後進行嘗試，每次損失比如說３００美元，但如果你是按照規則一和規則二正確地執行的話，你不會每次都損失３００美元的，除非你的交易計劃和建倉信號都是錯的。

大多數交易員的想法恰恰相反，他們希望每一個交易都賺上幾百美元，但是可能的損失卻比收益大得多。他們不僅僅會損失慘重，而且會忽視在正確的倉位上加籌碼的原則。

我的看法是對大多數人的挑戰。我認為交易是一個限制損失的遊戲。明白你在最壞的情況下會損失多少，可以使你比原來想要做到的會更好，因為你的交易計劃的標準會告訴你，在市場裏什麼時候你的倉位是正確的，這意味著你每次的損失都不大。另外，清除錯誤的倉位還會為你帶來收益。

那麼，亞瑟，我們是不是已經解釋完了規則一和規則二呢？

亞瑟：即使用一千本書，我們也不太可能完全窮盡我們想說的內容，但是，我覺得現在已經把我們的觀點說得很清楚了，你已經把你的思想傳達給了讀者。

Chapter　0 7

當沖交易：
規則成就短線高手

規則一強體防身，

規則二斷鐵熔金。

鏖戰當沖交易，

成就短線高手，

唯有將規則融會貫通。

亞瑟：這一章的標題使我好像看到一位藝術家正在描繪這樣一幅圖畫：所有的交易員都手拿筆記本畢恭畢敬地站在那裏，鈴聲馬上就要響起，弓滿弦張，戰前剎那死寂……

幽靈：是的，我可以告訴你那個藝術家是誰。

亞瑟：是誰呢？

幽靈：雷若伊・尼曼（Leroy Neiman）（編按：美國知名畫家），他給我留下了極深的印象。像他這樣的高手還有歐普拉（Oprah Winfrey）、麥克・傑克森（Michael Jackson）、唐・吉布森（Don Gibson）等等……。

亞瑟：還有交易圈裏的幽靈……

幽靈：歌劇院的幽靈吧，哈哈，肯定不是交易圈裏的幽靈。你必須記住這一點：沒人知道交易圈裏的幽靈是誰。實際上，只是有這一本書存在，只有它在。

亞瑟：請等一等，半年前我們剛開始這個對話的時候，你談到是否公開你的名字，要取決於交易員對這本書的接受程度如何，難道你反悔了嗎？

幽靈：這正是我想和你討論的事。除非你是一個好作家，寫作才會給你帶來豐厚的回報，如果你不用心去寫，就根本不可能有什麼像樣的收穫。只有在我情願的情況下我才會寫作，否則我不會也不願意做這件事。在交易中賺的錢比寫書要多得多，因為這取決於我在交易中積累的智慧。

這也就是為什麼我把自己積累的智慧和大家分享的本意。如果

只是為我自己著想的話，我就不會那麼做了，因為這只不過是在浪費我的時間。我做這件事的動機是：我把自己多年來的經驗傳授給交易員們，他們在這方面是有所欠缺的。從另一方面說，即使我的理論很好，如果交易員不能把它轉變為行動的話，也是徒勞的，因為行動才是關鍵。

單位時間內所創造的利潤要遠遠大於損失

亞瑟：在當沖交易和長線交易這兩種交易中，你是否使用同樣的規則呢？會不會有的時候你並不需要使用規則一，就可以進行當沖交易或其他交易？

幽靈：從我開始交易到現在，從來沒有發生過這種情況。也許有些時候如果忘記規則你可能會做得更好，但是，你反過頭來想一想，那並不應該是你的交易方式。你必須提前做好計劃，這樣你才能夠在交易中保護好自己。

亞瑟：我看會有不少交易員排成長隊來告訴你，你錯了。

幽靈：許多年以前，當我剛開始使用電腦的時候，它們的運行速度很慢。我本來可以自己編個程式的，但是因為我要做的事情太多了，又不想用複雜的語言。我使用程式之前每一步都必須很仔細，所以我決定尋求週邊的幫助。我聯繫了一些程式師，有年輕的也有年長的。

這個過程本身就像是一個試驗。我把選擇限定在四五個應徵

者身上。我要求他們每一個人為我解決一個問題，然後給他們一台電腦，告訴他們可以使用BASIC語言。我首先問的問題是，從1到100相加結果是多少。

其中一位程式師用電腦花了三分鐘得出了正確的答案，另一位則同時使用紙筆和電腦計算，在10秒鐘後得出答案為5050。

我問那個程式師為什麼只花了10秒鐘，他回答道，「我並不像一般人那樣看問題和做事情。我把這些數位分成一對一對，如1和99，2和98，3和97等等。然後我發現有49對相加起來等於100，這樣你得出4900，然後再加上餘下的100和50，就有了5050這個答案了。」這給了我很深的印象，所以我直到現在還記憶猶新。

當沖交易也是一樣的。對待任何事情，我們都不只是用一種方法或者角度。我們都想得到正確的答案，而我的答案就是讓你盡可能長時間地留在遊戲中。

亞瑟：那是誰最快得出答案了呢？

幽靈：你很清楚是誰，我不是不相信你，只是我不想說，你別笑壞了。剛才那個測試結束後，我只得出了一個初步印象，我的實驗並沒有做完。接著，我讓他們每一個人寫一個程式，計算一下從1加到10000。他們都用BASIC語言設計程式，並且計算出了答案。我通過測試這些程式計算結果的時間長短，而不是通過程式本身來做判斷。我之所以用1到10000，是因為計算可能會花更長的時間。

　　所有的程式都得出了正確的答案，但是速度各不相同。因為我們使用的是BASIC語言，所以程式運行起來比我要求的速度要慢一些，但為了以防萬一，我決定使用這個我能夠理解的程序語言。

　　除了一個人外，其他人設計的程式運算的時間從４８秒到３分鐘不等，而這個人的程式只花了不到一秒鐘的時間，這令我十分吃驚，所以我挑了運行最快的兩個程式，把設計它們的程式師叫了進來驗證。那個４８秒的程式運用了這樣一個迴圈語句：

　　N=0，for NN=1 to 10000 ，N=N+1， next NN PrintN

　　但４８秒還是離我的要求太遠了。

　　最快的程式是：N=N ２+N／２ PrintN

　　每個程式師設計出的程式風格各自不同，但不是每個人都能符合我的要求。這和交易是一個道理。並不是在交易中停留的時間越長就越好，而是在單位時間內你創造出的利潤要遠遠大於你的損失，這才是我們所追求的。

　　我們的交易風格也各有不同。但是規則一和規則二將會給你最好的回答。規則一可以使我們在交易場中停留足夠長的時間，而規則二則使你在最短的時間內取得回報，所以兩者你都需要。

　　亞瑟：你說得真精彩！

認識當沖一：更容易的是損失而非獲利

　　幽靈：我們可以繼續討論，這樣我們能夠從不同的情況中共同

受益。但是，當我對我需要的東西完全不瞭解的時候，就會完全沒有思路。亞瑟：我們從哪裡開始討論當沖交易呢？

幽靈：我們首先探討一下大多數當沖交易員從事當沖交易的原因，這是規則一和規則二的基礎所在。交易員們希望能不必再為他們的倉位徹夜不眠，焦慮萬分，他們追求的是在最短的時間裏獲得最大的利潤。實際上在一個比較短的時間內，規則一和規則二對當沖交易也是十分適合的。

亞瑟：好吧，我們接受你的說法。一個當沖交易員經常不自覺地按照你的規則所說的去做。

幽靈：當沖交易有優點，但不是很多，因為它存在許多局限。在當沖交易中，你更容易損失，而不是獲利，因為時間有限制，所以只有那些在鈴響之前行動的人才能成功。籃球比賽中，當第四節結束的時候，整個比賽就結束了，總分高的那一隊獲勝。在當沖交易中，也是時鐘決定你的輸贏。

我對當沖交易進行過研究，得出了很多有趣的結論：

第一點：你可以利用當沖交易者必須在收盤的時候清倉這一點，來為你服務。

第二點：當沖交易者在控制資金的大起大落這方面比搶帽子交易員做得好，因為他們的目標是進行小範圍的可控操作，在短時間內賺取利潤。

第三點：當沖交易可以讓交易員所冒的風險更小，同時可以在短期內建立更大的倉位。

　　我們沒有必要依次列舉後面還有的若干結論，我們只需要集中討論前三點就夠了，因為這三點是最重要的。

　　當沖交易適合相當一批交易員，因為這是他們借此明白如何在短時間內控制風險的唯一途徑。有些交易員不願意透支建立隔夜倉，因為這樣有風險。不管進行當沖交易的初衷是什麼，這是表達規則一的很有效的方式。唯一的缺憾是，他們總期待自己的倉位是對的。

　　搶帽子交易員雖然比當沖交易員更容易獲利，但也更容易蒙受損失。不論你相信與否，猜一猜誰承受了當沖交易員的那一部分損失呢？經常是頭寸交易員。

　　這對我來說是一個優勢。你必須知道你的優勢是什麼，以及何時有優勢，這不是一件可以說得很確定的事情，但是我能感覺到，因為當沖交易員不像搶帽子交易員的能力那麼強。當損失發生的時候，執行清倉的指令，這才是正確的做法。

　　亞瑟：你這麼說會嚇倒一大批當沖交易員的。

　　幽靈：　不是這樣的，其實是因為當沖交易員更循規蹈矩一些，如果他們使用規則一，可能效果會更好。

　　對當沖交易員來說，另一個大的缺陷就是他們只能進行當沖交易，對於市場價格的反應總是滯後。如果他們的標準適當，比如說開盤區間突破，那麼他們可能在行動上會更迅速一些，在這種類型的交易中，最好在開盤時建倉。但是，他們希望的是在建倉前就得到證實，否則就一直等待，直到突破為止。

作為一個當沖交易員，如果有標準可遵循，並根據標準來執行的話，就可以靠規則一來保護自己，而不是讓滯後的資訊耽誤了自己的交易，這樣他們可能會做得更好。

當沖交易員必須保證操作的每一點都很精確，這是另一個不足之處。你讓自己建倉時受到嚴格約束，但準確地預計價格又幾乎是不可能的。所以，最好是預測一個價格區間，而不是預測執行時的一個具體的價格。清倉也是同樣的，過於追求精確會使你在當沖交易中的潛在利潤流失。那麼我們該怎麼辦呢？

當沖交易員可以通過在一定區間內多筆交易的平均價格來防止利潤的流失，但是，你不要企圖在一個已經明確的市場趨勢裏這樣操作。如果你對市場的特點不好好研究的話，趨勢會報復你，讓你建立錯誤的倉位。反趨勢也是同樣，這主要是因為總有一些弱勢倉位最後會轉為獲利，而這是當沖交易員的一場惡夢。

亞瑟：你為什麼能對當沖交易這麼胸有成竹呢？

幽靈：最好的交易員會認真聽我的意見，好好研究，然後決定如何把這些原則具體化。他們會根據具體情況做出相應判斷，在證實這些判斷的基礎上進行當沖交易。

這樣就正是我希望他們做的。想當然地認為每個人都能做當沖交易，而且能做好，是對當沖交易的誤解。當沖交易可能對某些人是很適合的，但不是對大多數人適合。這一點只要看看當沖交易的一些缺陷就很清楚了。所有的交易方式都有自己的不足之處，所以如何理解交易成功的機率是一個很關鍵的問題。

亞瑟：你說過當沖交易也可以和你的規則二印證，這是怎麼對比的呢？

幽靈：一個當沖交易員會傾向於建立一個更大的倉位，因為他們知道自己比大多數頭寸交易員能更快地清倉，從長期來看，他們所冒的風險會更小一些，這給他們提供了一個過量交易的方式……或者可以換種方式說，這給他們提供了一個可以更大量地進行交易的機會。

在規則二中，在倉位被證明是正確的之後，應該加大倉位，此時加碼是在正確標準的範圍內的。當沖交易有不好的一面，就是錯誤的機率和正確的機率幾乎相等。這使交易變成了一個五十對五十的博奕。並不是像有的當沖交易員認為的那樣：如果你在按正確的價格走勢操作的情況下，只需要不斷增倉便會獲得更大的收益。

即使在按正確的價格走勢操作的情況下，增加倉位對於一個當沖交易員來說還是相當困難的，由於操作中的時間限制，需要交易員在已經建立初始倉位的基礎上，還要盡可能地迅速加碼。

亞瑟：有沒有更好地進行當沖交易的方法呢？

幽靈：當然有了！現在我把所有當沖交易員的注意力都吸引過來了。如果有好的出價的話，我會考慮賣出這個方法。

當然，我只是在開玩笑罷了。答案就在於交易員自己的研究中：要找出導致自己在當沖交易中大幅虧損的原因。看看你的建倉標準和清倉標準，哪一部分失靈了。然後再從反面想一下，如果當沖交易的標準不發揮作用或是出現錯誤，會有什麼後果。下一步就

是設法調整倉位，直到倉位被證明是正確的，然後你就會自然而然地得出結論。

正如我們前面所說的那樣，如果當沖交易員不在乎趨勢的話，趨勢和反趨勢會給他們點顏色看的。

認識當沖二：與眾不同的交易標準

下一步就是建立一個標準來進行倉位調整。在你清倉時，你不能讓交易的時間對你構成限制。

當沖交易中最重要的，就是你不能跟著大家一起玩一模一樣的遊戲。比如說，你做開盤區間突破，但每個人都會這麼做。從長遠來看，你這麼操作早晚會失敗的，儘管你只是想做一次當沖交易。

你應該設置你自己的與眾不同的標準。也就是說開盤後根據第三種趨勢方向（譯註：指能夠根據有關信號提前發現下一步趨勢方向，相關解釋見第十七章《交易計劃：規則運用的鋪墊》）來做交易，為什麼呢？如果你能夠判斷第三種趨勢方向，市場就會變成你的交易市場。你，一個當沖交易員，現在可以以你自己的理念和方式來預測市場。

即使在沒有明顯趨勢的市場中進行交易，作為一個當沖交易者，你也可以有你的市場操作方式。比如說洋蔥最近十天的波動區間平均為 8 美分（儘管從沒聽說過有這個價錢），你的操作標準應該是一個費波那奇（Fibonacci）數列——5。你等待 5 美分的下挫就

可以買進，或者有5美分的反彈就可以賣出。我不是指某一個特定的市場，但是你可以研究一下這種規律，然後根據你的結論，在一個沒有趨勢的市場裏建立你的標準。

我知道有一些當沖交易員的方法是：朝同一方向持續操作，如果市場連續兩天沒有形成相應的趨勢就離市。等到第二天出現一個逆轉，然後再逆著前兩天的走勢而動。

當沖交易是一門短期行為心理學。如果你運用規則一，你就會在長期的交易中比其他人有更好的機會。它不是十分精確的科學，但是，只要損失被控制在比較低的程度上，從長遠來看你就可能獲利。

當沖交易中很重要的一點是，不要只是將前一天的最高價、最低價以及收盤價輸入到你的交易系統信號裏，點線圖其實能更直觀地反映市場的動態。

記住，你必須使用既和其他的當沖交易員有區別，也和那些喜歡使用直條圖的頭寸交易員有區別的方式去交易，這樣你才比他們更有優勢。

最後一點，不要輕信傳言。審視你自己的市場，然後找出它在一天內變化的特徵。當你試圖建倉的時候，你認為不錯的交易很可能不是像你想的那樣。用市場指令來確認你擁有的倉位，但是，要小心謹慎行事。在市場裏，如果沒有倉位，一切都是徒勞的。

亞瑟：幽靈，有一位成功的當沖交易員想問你一個問題：在連續的虧損交易之後，如果使用波幅突破系統和停損點，你還能正確

地運用規則一和規則二嗎？

幽靈：我甚至可以說出這個交易員是誰，他的交易流程是怎麼樣的，但是我不想認可或拒絕相關的資料。在某些市場裏，這種方法對當沖交易是行之有效的，但不是在所有的市場都適用。我知道，使用這種方式操作的那位交易員，他的經驗一定足以提醒他，在哪些市場是不能使用這種方式的。

是的，你可以照樣使用規則一，就是在倉位被證明是正確的之前，你必須假設它是錯誤的。在遭受了一連串的損失後，你肯定會知道形勢好轉的可能性有多大。如果不可能好轉，你當然希望儘快清倉。你在自己建立的交易標準的範圍內建倉後，市場將會很自然地證明你正確與否。

還是用我們上面談到的那個洋蔥市場的例子，我們使用「日終（end-of-day）」標準為例，說明當沖交易的最終標準。日終標準是用來清倉的。當沖交易員一般會在收盤時才平倉，執行自己的交易標準，一整天死死盯著一個對自己持倉很不利的市場，但還是要等到收盤時才清倉，這是一件具有挑戰性的事情，可有時候你自己的交易標準確實需要你這麼做。但是你知道，如果沒有被證明持倉正確，你就必須平倉。這麼做就可以避免持倉過夜的危險。

至於如何運用規則二，在一系列的指標損失（indicator losses）後，你建立一個新倉位，然後在這個原有的倉位上加碼的可能性是多少呢？我的回答是，只有在倉位被證明是正確的之後。

在很短的時間內來判斷倉位的性質是否已經得到了充分證明，

然後決定是增加籌碼還是清倉。如果你對資料反應十分靈敏，你的場內資訊來源足夠迅速，我同意你的這個計劃，毫無疑問，你能夠建立一個可以為你增加利潤的倉位。對於這種交易風格，我所喜歡的一點是，你可以在某一時點上能夠進行兩個動作之間的任意一種——加碼或清倉。

注意，規則一和規則二在任何時候都不會和一個成功的交易系統衝突，它們可以使你避免遭受讓你一蹶不振的沈重打擊。這是在你自己原先交易計劃外的額外保護，甚至它本身就可以和你的交易計劃結合得很完美。我很感謝那位交易員提出的問題。我感覺他對於自己的交易風格有很好的研究，他的交易標準也很正確。聽到這些我很高興，這證明交易不是一件簡單的事，依靠正確的知識和行為習慣改變才能成功。

你可以從其他的交易員那裏學到許多東西，但是，千萬不要只是模仿而丟失了自我。前幾天，我聽說某個交易員一整天都在不停地賣出，他為什麼這麼做？其中一個答案是：他在平衡他的倉位。

我記得有一次我一整天都在買入，而當天市場是以下跌趨勢收盤的，一個交易員過來問我為什麼一整天都作多頭。他不知道每次我買入之後都會以兩倍的指令賣出。

我的觀點是，你不會瞭解一個交易員真正要做什麼，你只知道你曾經見過他在交易。你看，我是根據對當天市場走向的預測來設計我的計劃的。我每買入一筆，都會要求我的經紀人第二天再以雙倍的數量清倉。在一天交易快結束的時候，我有一個比我原來計

劃要大一倍的倉位，而這和我原來的打算背道而馳。我只知道那一天我必須變動。有時你事先建立的交易標準可能要求你必須迅速應變，特別是在美聯儲主席發表了某個重要的講話之後。

　　亞瑟： 有沒有為這種沒有預料到的事情事先做好計劃的方法呢？

　　幽靈： 是的，有這種方法……但前提是你任何時候都不要過量交易。

Chapter 08

妙手連連
贏定期權

持交易規則利刃，

踏入期權交易世界，

以小博大，

魅力無窮。

幽靈詳述恪守規則穩定獲利全流程，

運用之妙存乎一心。

比起單純的期貨交易、債券和股票交易，期權交易提供了更多的市場機會。期權交易有很多種建倉的方法，可以處理各種市場情況，以及把自己的想法體現在交易中。同很多交易者一樣，幽靈出於各種原因也進行期權交易。

這一章的目的，是要給所有的交易者一些真知灼見，而不是僅僅針對那些專家的。關於期權交易有很多的東西需要學習，要想成功地交易期權，你必須做很多的研究工作。同時，要保持一個開放的思想，市場是雙向的。

● ● ● ● ●

亞瑟：幽靈，我知道你對期權交易的看法和做法與大多數交易者不同，我們如何更好地理解期權交易呢？

幽靈：多數交易者知道什麼是期權，以及它們是如何作用的。我把它們看作是冰塊，冰在水中的時候，它們要嘛被融化，要嘛周圍的水也跟著凝固而變得更大。當水凝固的時候，它的體積會比原來的狀態更大。當交易者順利的時候，一個期權會比它雙方的倉位更有利可圖，但它也可以很容易地消融掉。

這裏，讓我們把每個期權倉位與對應的期貨合同來比較一下。為加深你的印象，假定每個倉位或倉位組合（譯註：期權交易者經常使用組合交易，即針對不同的市場情況，同時執行多個交易方法，如騎術交易、差額交易等）有一個「重量」，我們同時使用一架天平來衡量。把一個冰塊放入一杯水中，冰塊的重量被當作所買入的多頭期權（譯註：call，多頭期權的買方有權利以約定的價格在

一定的期限內購買對應的證券）；而水的重量被當作售空的空頭期權（譯註：put，空頭期權的買方有權以約定的價格在一定期限內出售對應的證券）。

不管冰塊（多頭期權買入）多大或還有多少水（空頭期權售空）留在杯裏，整個杯子的重量將保持不變。當溫度低於０度時，冰塊會變大，同時水會減少。

看漲期權和看跌期權同樣如此。它們的大小會變化。我把每個冰塊的大小描繪成一個變數，水的總量也是一個變數。任何時候，在不考慮利息因素、活躍性和時間因素的條件下，如果在相同的行使價格下，把看漲期權的多頭倉位變數加上看跌期權的空頭倉位變數，你在理論上會得到１００的值。

把這個作為理解的一條規則，在上述情況中，變數是正１００％。如果考慮冰塊是賣空看漲期權，杯子中的水是看跌期權的買多，那麼變數是負１００％。

在天平的另一頭，你有同等倉位大小的期貨，使得它能平衡期權的一端。你的一杯有冰塊的水，正好被一個空頭期貨合同抵消。只要一直持有這些倉位，你就獲得平衡，並且沒有市場風險。天平的期權端是一個合成期權交易。你可以做多或做空一個合成期權交易，它們同時可以被相反的期貨合同抵消。（譯註：合成期權組合-synthetic，是一種常用的期權組合之一，以股票期權為例，一個看漲期權的買多加上一個看跌期權的賣空等於多頭１００股對應的股票，其差別是組合交易使用了較少的資金達到投機交易的目的，

缺點是你不能長期持有期權）。

到目前為止相當簡單。你開始放入一些變數，它就會產生巨大變化。取決於不同的行使價（strike price，期權在到期時的執行價格），每個杯子的大小將會不同。換句話說，即使我們的倉位的起始變數是１００％，我們的杯子大小將會不同。我把杯子的大小看作是水和冰塊的總和。在不同的行使價格上，它是不同的，但變數仍然是１００％。

我們可以考慮把天平一邊的期貨合同去掉，但仍然要使天平平衡。我們把一個相反的期權倉位放在天平的另一邊，這樣我們仍維持平衡。結果怎樣？我們實際所做的是在抵消我們的倉位，在天平上沒有真實的倉位存在。我們只有在某種情形下才能獲利，但我們必須知道在必要的時候如何調整我們的倉位。

現在我們到了需要作假設的時候。對於我們能夠提出的方案，在數量上難以窮盡，或者幾乎無法窮盡。我們所要做的是提出一個計劃，它幾乎可以在任何情形下賺錢，同時要受到規則一和規則二的約束。

包括規則一與二的期權交易

我們可以通過使用不同的行使價格使天平平衡，而不僅僅是使用相同的行使價格。我們也可以調整天平，使它具有多頭或空頭傾向。這些仍是很簡單的操作。

現在我們在已有的天平兩端再加上一架天平，你有三架天平可以使用。你甚至可以在前面兩架天平的各邊再加上4架天平。你瞧，在每架天平各端，你都有機會不斷移動倉位，卻可以始終保持天平的平衡。你甚至可以任意加上你所想加的天平數量。但是，你將無法控制天平使它仍保持平衡。這就是發生在一些沒有完全考慮及設計好的一些期權倉位上的情形。

我希望用天平和冰塊的例子沒有讓大家感到困惑。充分理解每個操作對你整體倉位的影響是非常關鍵的。我的期權模型是將天平綜合為一個資料，將這個資料放入方案中。這個方案決定哪個變數對我的倉位的影響。當你瞭解了怎樣利用價格波動性、時間遞耗以及價格變化，你就可以從中獲利。

事實是某些特定的期權倉位與我的規則相符。更深入的對期權知識的理解不是我今天要教你的內容。我只是想向你演示，你可以怎樣將期權交易結合到一個好的交易模型中去，同時使用規則一、規則二來避免你的損失。

亞瑟： 我知道你使用向量法、重量法、成交量以及角度法來設計你的自動交易方案的部分以及對期權的通常評估。我也知道你建立了自己的期權價值評估體系，而這個方案是不同於絕大多數方案的。這是不是因為你不想玩別人的遊戲？

幽靈： 這就像一個籃球，當所加的壓力變化時，即使籃球的外形不變，但籃球每次反彈的角度都不同。期權也是一樣。我認為在牛市中的期權價值和在熊市中的評估是不同的。市場只是考慮了

股票市場波動性的不同。這是你怎樣更好地使用期權的出發點。

　　如果我給你們一個預示，即從現在開始，我們將考慮看漲期權及看跌期權，而不只是改變股票的波動性來適應價格。那麼，你就可以更好地理解你交易的期望是什麼，而不是每天去猜測股票市場的波幅會是多少。這些都是以前討論過的，在這裏，我們也不打算去改變已被公認是最好的方法。事實上，有時當你用不同的角度看待問題時，你會處於更加有利的位置。

　　我將通過展示規則一在期權交易中的應用，來開始我們的討論。我們先假定我們是錯的，直到被證明我們在期權中是正確的。我們用非常保守的倉位來開始。假設從我們的標準來看，我們將處於牛市，但是，我們有可能判斷錯誤。所以我們沒有建立看漲期權倉位，相反，我們建立了一個牛市價差期權（Bull Spread）。牛市價差期權是買進一個低行使價的看漲期權，同時賣出一個高行使價的看漲期權。這使得規則一產生效用。

　　期權專家們將會指出，我們僅僅使用了很小規模的期權倉位。是的，這是為了讓市場證明我們是正確的。舉例而言，當期指在９９０點時，我們買進一個行使價為１０００的看漲期權，同時我們賣出一個行使價為１０１０的看漲期權。如果我們買進了行使價為１０００的看漲即期期權，我們買入看漲期權所付的價格，要高於我們賣出行使價為１０１０的看漲期權。我們控制潛在的損失最大不超過我們付出的代價。比如說３個點。而在同一情況下，一個單純的看漲期權（沒有牛市價差期權）將可能使我們損失５個點。

我們已經開始使用規則一使我們的損失降至３個點。在任何時候，我們最大的損失都是３個點。

現在會發生什麼情況呢？ 理論上有三種可能。但其中一個情形不會發生，這是因為價格不會很久地維持不變，總是會上升或下降。那麼其他還有什麼會發生呢？ 當冰塊融解的時候，我們會損失時間成本。當市場交易的興趣降低時，我們也會損失波動性中的機會。

我們使用規則一，所以我們較少受時間遞耗（Time Decay）的影響。因為我們沒有建立很大的倉位（如果使用即時期權，則有很大的倉位建立），同時我們也較少受波動性降低的影響。

但是，專家會說，我們這樣做是以失去潛在利潤為代價的。是的，確實如此。但這不正是規則一使我們的損失降低到最小的情景嗎？ 這不正是遊戲的規則，使我們能夠永久地在遊戲中生存嗎？

好，現在我們需要用規則二來獲利。

相對於期貨，規則二適用於期權的效果更好，原因主要在於波動性可以增加，也可以減少。當期貨在有限的範圍上升或下降時，期權除了表現出類似的漲跌外，還具有被一些專家稱之為波動性的附加值。我把它稱之為從液體至固體的過程——水結成冰後體積更大。

你買進一個行使價為１０００的看漲期權，賣出一個行使價為１０１０的看漲期權（牛市價差期權）後，任何時候你的損失不會多於３個點。我們假設操作正確的標準是市場至少移動１５個點，

這樣在１００５點時，我們認為我們是正確的。

我們希望在此基礎上擴大我們的倉位。怎樣辦到呢？我們有很多種的期權可以選擇。但是，由於波動性的增加，最好的方案是買入一個行使價高於當前價格的看漲期權。我們希望一個變數（倉位）可以成倍增長（倉位規模），５０％、６０％或７５％的變數僅僅可以達到１００％的規模，而一個較低的變數則會使我們有成倍、三倍甚至更高回報的可能，還降低了我們損失的風險。

舉例來說，我們買入了行使價在１０２０的看漲期權。由於波動性的增加，我們付出６個點。那麼我們的風險是什麼？我們最先的３個點有風險，但是，由於波動性的增加和價格的變動，我們的價值翻倍了。我們在原有的牛市價差期權上有６個點的利潤。好，因為我們付出６個點買入行使價為１０２０的看漲期權，所以我們仍然是只有損失３個點的風險。不是嗎？我們獲利６個點（１０００／１０１０牛市價差期權值）加上６個點（行使價１０２０的看漲期權），總值為１２個點。我們只是付出３個點加６個點或９個點，我們在這裏有３個點的利潤，而且通過使用這些標準，我們倉位不會有額外的風險，這使得我們免受市場下跌的風險。要做到這點，我們需要保持敏捷度，並且恰當地運用規則一。我們還不知道這個倉位是否正確，在這裏我們也將使用規則二。

價值的變化將基於這個品種合約的剩餘時間及價格波動。但是，這裡僅僅作為例子解釋如何使用規則一及規則二，我們不考慮這些變數。

　　如果兩周後價格升到１０３０，我們意識到這是做反向操作的時候了。我們該怎樣做呢？

　　現在我們到了期權中最有意思的部分。大多數的交易者想獲利了結，但我們在這裏要再次使用規則二，我們必須進一步改變我們的倉位。市場看起來在向反向發展，我們現在並不打算獲利出局。但是，我們決定建立我們的退出方案。我們通過賣出另外一個行使價為１０１０的看漲期權，來使我們擁有一個有３個不同行使價的牛市價差期權和一個熊市價差期權，我們稱之為蝶式價差期權（Butterfly）。

　　由於波動性的增加，我們賣出一個行使價為１０１０的看漲期權，收取２０個點。現在我們在交易中的風險是什麼？ 我們在第一個牛市價差期權上（買入行使價為１０００的看漲期權，賣出行使價為１０１０的看漲期權）付出３個點，加上買入行使價為１０２０的看漲期權付出的６個點。但是，我們賣了行使價為１０１０的看漲期權獲利２０個點。這意味著我們有９（-3-6=-9）個點的付出及２０個點的收入。我們獲利為１１個點。

　　專家會說，如果只是做對沖的話，可能獲利得更多。好吧，我們做得不算好，可我們仍然有３６７％的利潤。這並不差，對嗎？

　　兩個月後，市場到了期權到期日。這時期指為１００９。哦，天哪，我們忘記了我們的蝶式價差期權倉位。好吧，讓我們來自救吧。

　　蝶式價差期權目前的價值是多少呢？ 答案是９個點。好，我

們做對沖，付出佣金； 或者我們不做對沖，而是通過執行行使價為１０００的看漲期權來抵消。最終，我們的蝶式價差期權仍然存在。我們設定一個退出日。假定期權到期時，市場在１０００－１０２０點範圍內，我們在交易中將獲利１１－２１個點 （這取決於蝶式價差期權在哪個價位抵消），取決於在哪個價位抵消蝶式價差期權。通過賣出行使價為１０１０的看漲期權，我們獲利 １１個點及０－１０個點之間的利潤。在做期權交易時，不要拿走所有的利潤，讓槓桿效應來為你工作。

我們最大的風險是損失３個點，不會更多。在期權交易中通過正確運用規則一，我們可以將風險控制在有限範圍內。我們也增加倉位而且運用規則二。但是，還有更多！ 一旦我們在已有的蝶式價差期權上再加上第二個做空看漲期權，我們將永遠不會有損失。因為我們買進的蝶式期權對於四張期權移動範圍內有了１１個點的獲利。兩張多頭期權按１０００ 和１０２０買進，兩張空頭期權按１０１０賣出。換句話說，一旦我們使天平兩端平衡，我們永遠不會有損失。

專家又會說： 如果市場不是上升到１００５，然後又攀高到１０３０點，而是跌到９８０點呢？

如果出現這種情況，那麼我們可能損失３個點。我們在期權交易中設立什麼樣的比率呢？ 損失３個點的風險與獲利 ２０個點相比，等於６.６比１（算上佣金，比率會再略低。同時還取決於期權到期日時市場的價位水準）。

亞瑟： 這看起來很容易，這就是全部嗎？

幽靈： 我不想讓每個人都認為這是一件容易的事，因為你必須意識到，執行期權時需要什麼，波動性的增加或下降對期權會有什麼影響。這只是一個讓你有願望去學習更多期權知識的開始。

期權交易中最關鍵的要素之一是： 如果你將要做蝶式價差期權交易，你必須知道在適當的時間買入。你可以用牛市價差期權，然後加上熊市價差期權，如果你是在經紀公司開戶，佣金費是需要考慮的。你必須計算出所有的費用以降低付出的比例。

亞瑟： 你想談些其他的策略嗎？

幽靈： 我們看看交易員們想要什麼？

亞瑟： 好的。這裏我提醒讀者：因為在這裏我們不是要展示不同的交易策略，所以請你們自己去做更深入的研究，市面上有很多關於期權交易的好書。幽靈的主要目的是想告訴大家，你們應該可以將規則一和規則二同樣結合到期權與期貨的交易中去。

幽靈：不是每個人都有足夠的能力做好他們必須做的事。意識到你能做什麼，然後嚴格遵守相關的參照指標，並且在參照指標中利用好保護性的規則。不要為了你自己的情緒滿足去修改或誤解這些參照指標。按照它們本來該使用的規則去運用，如果沒有正確地運用，你會蒙受損失。

亞瑟：我們應該用更多的例子，來展示怎樣使用你的規則。但是，我覺得如果我們繼續講解例子，聽眾會感到有點累。我認為案例就到此為止。

幽靈：　是的，我非常同意你的觀點。一個主題的核心價值，不是看它是怎樣向聽眾展示，而是看它怎樣能更好地讓聽眾理解。上述這個案例，給交易者留下了哪些深刻的印象，取決於交易者如何將自己所需要的部分充分理解。他們可以犯錯誤，但是，只要適當地使用規則，他們會在遊戲中生存下來。

　　設計一個在市場中交易的方案，是非常精細的工作。我總是建議交易員基於他們所能發現的最好的知識來設立標準。要先從數位、線圖開始，瞭解市場的特性。即使這是一張別人使用的線圖，你也一定能從線圖中觀察到市場的變化規律及這些變化對交易者的幫助。

　　我不是說市面上沒有好的方案在出售。但是，交易員必須充分理解這些方案的設計標準是什麼，怎樣進場及退出。這些方案中永遠不會存在規則一和規則二，所以你必須把它們結合到方案中去。不過要注意，這樣做也有可能使你自己原來的方案失效。

　　在選擇方案時一定要小心謹慎，要向提供方案的人詳細闡述你的考慮。你的小心謹慎將使你在市場中生存長久，將損失降至最低，使你能在市場中永存。

　　好了，亞瑟，我們已經講完整了嗎？

　　亞瑟：　我想即使在上萬本書裏也不可能講述完全。但是，我們已經清楚地闡述了我們的觀點，並且把它留在了讀者的腦海中。

Chapter 09

線圖交易： 大師的天機

觀察大眾線圖，

採用獨家資料。

要想勝券在握，

只有標新立異。

看，

大師是這樣利用線圖交易……

這一章是獻給我們共同的朋友約翰・丹佛，他在１９９７年１０月１２日的一次飛機失事中仙逝。丹佛用他的歌聲打動我們的心靈，他的博愛澤及所有生靈。當我們在雲端翱翔，一起欣然開懷的時候，我們對他的追憶已經超越了冥冥之中的生死界限。他的背影漸漸遠去了，彼岸珍重，我們的兄弟。

・　・　・　・　・

我們最常用的一個交易工具是線圖。線圖不僅顯示最高價、最低價，還能顯示當前價格和其他資料，這些資料又可以衍生出其他有用的資訊。每一個交易員都有自己應用線圖和解釋線圖的一套方法。

有些人自己製作線圖，而有些人從店家那裏購買，幽靈記得他自己就曾經製作了一個很大的線圖，這樣每一個人都可以很方便地看到。下面我們將繼續和幽靈分享關於線圖的智慧。

・　・　・　・　・

看哪！圖在雲中跳躍

亞瑟：幽靈，有時候我很想知道交易員怎樣才能把他們辦公室裏的一大堆線圖有機地組織起來。我一直認為，在交易的時候需要研究的資訊越少，對當前的市場狀況越能做出迅速的反應。你對於線圖的經驗可以談談嗎？

幽靈：　我先談談我過去做的「雲中跳躍」圖吧。有時我會打

開一個怪模怪樣的老式收音機的旋鈕，你會聽到在「布魯克，我的窮小子們」 背景音樂下的WGN和埃迪‧哈博德的談話節目。其實它更像是一個老式的計時器，把我帶回到三十年前，那時在星期天的下午，我會去公園製作我的線圖。

雖然老一輩的讀者們不會看這本書，但是過去總是回味無窮的。星期天的下午，我會把我所看到的都畫進我自己的線圖中。天空中的蔚藍程度算是線圖中的成交量，所有不管是地上待著的還是天上飛翔的風箏，我都用未平倉合約表示，天上的雲朵則是線圖中的價格。

我會把所有這些用一根線連接起來，所有的雲在線圖的上半部，成交量和未平倉合約在線圖的下半部。

當我看到雲團在我的天空市場裏移動的時候，我會根據現有的雲團走高或是走低來畫另一個點數。每次我在雲的高點和風箏的未平倉合約以及天空成交量之間發現走勢背離的地方，我就會得到一個賣出陽光期貨的信號。

父親問我在幹什麼，我告訴他：「爸爸，我在雲中跳躍。」我對在雲中跳躍和陽光期貨很擅長，因為我可以預測出什麼時候雲團會再次聚集。我想那個時候自己大概只有十三歲，那是我第一次自己製圖。這不是什麼大不了的事，我之所以回憶起我小時候作圖這件事，是因為這個星期我發現它和交易員所用的交易信號有異曲同工之妙。對大多數人來說，這看起來沒什麼意義，但是，它確實是發揮作用的，至少對我是這樣。

透過大眾指標觀察別人，透過自設線圖發現自己優勢

做線圖有利有弊，當你用線圖來回顧以往的交易時，你很容易錯誤地認為自己在交易中正確的地方遠多於錯誤。

當然你有可能做得很不錯，但是，不管你的線圖指標能多麼精確地顯示過去，你都不要忘記規則一。這是因為就算是十次裏它有九次發揮了作用，你也不能貿然地推斷它有百分之九十的準確性。你應該時時刻刻都要繃緊弦——保護好你的倉位。

我認為線圖最大的優勢在於，你可以很清楚地看出，在某一點上其他的交易員是怎麼想的。你還記得我說過，我一直不同意「市場永遠是正確的」這種說法，但是，我們可以隨著市場的變化搭順風車，或者去逆流而上。

公眾的情緒時常會或多或少地主宰輿論的方向，我不得不承認當阻力位或是支撐位被突破的時候，我收到的信號最強，而此時大家的想法卻恰恰與所發生的事實正好相反。

我不想討論太具體的線圖和指標，因為它們的種類實在是太多了，解釋的方法也是各種各樣。儘管我可以逐一解釋每一個指標和製圖的過程，但這樣做沒什麼意義。我儘量把我認為對交易員最有用的資訊講出來。

每個交易員都必須制定自己的線圖標準。我製作線圖的依據，是每種類型的信號對其他交易員的意義，而不是對我自己有什麼作用，我總是希望發現我自己的優勢是什麼。

如果某個指標我不使用，我當然不會在乎它，但是，因為別人都用它，我就必須知道這些指標。我需要知道其他的交易員是怎麼想的。

我從不建立與我的信號相反的倉位，但是這並不意味著我不會建立與同行們的線圖或是指標相反的倉位。我的標準是把別人的信號納入考慮的範疇之內，儘管對我來說它不是一個直接的信號指標。

有許多基於不同線圖和指標的交易計劃，在某一段時間內這些計劃可以說是準確的。但是，依賴這種計劃操作的最大的問題是它不囊括規則一和規則二，所以從長遠的角度來看，交易員無法獲得最終的成功。

交易計劃可能會包括資金管理的部分，但是，它總是成為整個計劃中的一個軟肋弱點。挫折會逐漸使交易員士氣低落，直到最後使他們的信心消失殆盡。

亞瑟：你對於使用線圖有什麼具體的建議嗎？

幽靈：有。很明顯每個人在線圖上都看到了相同的資料，然後根據這些資料各自建立一個自己的模式。

改變既有的繪圖思路

我所關注的使用線圖的最關鍵之處，就是你得到其他人使用的線圖，然後參考它們建立自己的線圖，而你使用的資料卻不為其他

人所知。

　　所有的柱狀圖都顯示同樣的動態，包括當天的最高點、最低點、收盤價、開盤價、成交量和均線或指標。就我自己而言，我更偏好點線圖。在我們選擇什麼樣的線圖時，還要考慮其他的一些因素。

　　下面我舉一個例子。比如說你畫了一個線圖，顯示收盤前一小時十五分鐘的市場狀況。我們可以說，一天之中最重要的交易資料都包含在交易日的最後一段時間裏了。我們甚至可以把它當作第二天線圖的開始部分。

　　現在，今天交易日最後一小時十五分鐘已經連接明天的線圖上了，我們稱其為次日的支撐位和阻力位。我們沿續這個線圖，直到明天收盤前的一小時十五分鐘。這樣我們就完成了一個完整交易日的線圖。

　　我想你已經開始有些明白我讓你們思考的問題了。別忘了，我不是在告訴你們怎麼去製圖，而是舉個例子去說服你們改變原來的製圖思路。

　　大多數的交易員都不會這樣去製圖，原因有很多，但是，我覺得這都不是問題。他們不能通過這種方法得到資料，是因為他們只能從報紙上或是經紀人那裏得到一些過期的東西。或者是因為有一些其他的原因，使他們不能獲得與別人不同的線圖。

　　你需要進行某種形式的突破，這樣你才能獲得某種優勢。這種優勢雖然沒有執行重要，但只有擁有了優勢，你才能更好地執行。

你在遊戲中總處於領先地位，可以使你走在其他的當沖交易員、搶帽子交易員和頭寸交易員及基金操盤手的前面，因為你沒有使用和他們一樣的數據，跟著他們亦步亦趨。

你有自己的資料，就會看得比他們遠。運用規則一和規則二，你就可以建立一個比別人能想像到的還要棒得多的計劃。

盤後檢驗和研究是必不可少的功課，但大多數交易員甚至連今天的資料都抓不住。最精明並且直覺最靈敏的交易員將最終贏得勝利。我十三歲的時候就嘗試著用不同的形式把線圖表現出來。你今天當然也可以做一下這樣的嘗試。

研究、研究、再研究！好好瞭解這種新的線圖可以為你的交易計劃帶來的好處。我已經告訴你們我在交易中的標準是什麼，這樣一定有助於你理解我的意思。改變你的線圖中的時間段，試試１５分鐘、３０分鐘，半天、四個小時或者其他的時間框架。

使用規則一和規則二，你可以向正確的方向前行。靈活運用自己的頭腦，你就可以做電腦程序員能做的事情。你應該從不同的角度看問題，藝術家都可以從不同的角度觀察他的目標物，你為什麼不能呢？

亞瑟：你可是把你自己的計劃和製作線圖系統的方法都暴露給大家了。

幽靈：我只不過是想告訴大家，交易是很複雜的一件事情，尤其是當你想在交易中獲得優勢的時候。我認為，交易員們在沒有運用規則一的情況下是無法保護自己的，同樣，不能運用規則二來把

新知識付諸實踐，也無法獲得建倉和清倉的信號。

我相信新交易員們，我知道他們的潛力，因為我知道每一個成功的交易員都是從頭做起的。沒有誰一開始就十分成功，所以你必須從頭做起，起點是最好的開始位置，只有這樣你才能夠體驗整個過程。我希望你們對這一點印象深刻。我相信，一位重要的人物如果對周圍的人懷有信心和期望，這將改變周圍人的生活。一位好導師會知道，如果樹立起學生的堅定信念，學生總有一天會成長起來。

小丑角孩子羅比的故事

在這裏我有一個很精彩的故事和大家分享。這個故事有不少版本，不過我還是先告訴大家原始版本。

一位數學老師有一班資質平平的學生。三十八個學生對於一位老師來說負擔夠重的，他無法去一一輔導。糟糕的是，這個班級的學生不僅數量太多，成績不佳的比例也不低。

班上有個學生叫羅比，也就是羅伯特的簡稱。他在學校裏從未得到過高於D的成績，大家都當他是班裏的小丑，並認為他一生也一直會是這麼一個角色。羅比無心向學，他對同學吹牛說，過幾天在過即將到來的十六歲生日時，他乾脆就打算放棄學業了。

班裏其實有三個羅伯特：平時大家分別叫他們羅比、羅博和羅伯特。開學兩個星期後，老師就很容易地把三個人區分開了，因為

那個叫羅伯特的學生在班裏是名列前茅的。

　　開學一個多月後，第一次家長會要召開了。老師要求每一位同學的家長都要到會。但是，開會那天晚上只有三分之一的家長出席了家長會。

　　老師對於哪些家長最有可能出席家長會是心中有數的，他和每對家長都談了三到五分鐘。最後一對父母起初有些拘束，老師和他們握手寒暄後，讓他們感覺輕鬆了一些。當老師問他們的名字的時候，這對父母沒有回答，只是隨口問老師：「羅伯特在班裏表現怎麼樣？」老師略微思考一下，說道：「我從未見過這麼優秀的學生，他興趣十分廣泛，樂意成為其他同學的榜樣。你的兒子將來一定能成為領袖式的人物。像羅伯特這樣優秀的學生，會讓認識他的每一個人都會為他感到驕傲的，我真是非常欣慰。」

　　聽了這些話，羅伯特的父母驕傲地挺直了腰桿，離開家長會的時候他們的臉上掛滿了笑容。

　　又過了三個月，進入第一個學期期末時。老師注意到，他的學生做得比他原來預期的要好得多，於是老師又花了更多的精力用來提高教學質量。這一個學年結束的時候，老師取得了輝煌的成果——沒有一個學生不及格。

　　連小丑羅比也及格了！他豈止是及格而已：羅比做完了所有的數學作業，還參加了一次全國數學考試，獲得了高分，這樣在二年級時，羅比就能贏得數學獎學金。老師對自己的教學水準覺得很得意。

　　在學年的最後一天，所有的學生都離開之後，羅比站到了老師

的講桌前，抬起頭說：「我媽媽把您說的話告訴我了！以前我從未聽到別人這麼誇獎我，謝謝您，您給我的生活帶來了希望！」

老師的眼淚濕潤了眼眶，他想起了那次家長會。大家現在明白了吧，老師那時以為跟他講話的是羅伯特的父母，而不是羅比的父母。在家長會上，老師犯了一個他一生中最大的錯誤，不僅是一個最大的錯誤，也是他這一生最美好的一個錯誤。

你能想像一個成年人淚流滿面的場面嗎？你難道不覺得，作為成年人能從孩子身上學到這麼寶貴的東西，是一件多麼令人振奮的事情嗎？如果真是這樣，一次落淚又算什麼呢？在人的一生中，總有某個時刻讓我們靈光乍現，發現自己取得了真經。

亞瑟：真是十分感人的故事！你說的另外的版本又是什麼情節？

幽靈：我希望把羅比的名字換成「一位優秀的交易員」。你必須明白，作為一個交易員，光明總在某個時刻會眷顧於你。你在交易生涯中犯的最大錯誤，也許同時就是一個最美麗的錯誤。

我希望有學生會走到我面前說：「幽靈，以前我身邊沒有人理我，他們也不在乎我是不是在學習交易，謝謝你教給了我正確交易的方法。」

我是真的很在乎交易員是不是在學習的，而且這是我現在唯一希望能幫他們的事情，我很想成為一個更好的老師。

亞瑟：我們接下去說什麼好呢？你剛才的這些話太令人感動了，我都不知道該問你什麼問題了。

幽靈：我會接著談點線圖的話題。你還是出去和你太太到山頂散散步吧，好好放鬆一下。

亞瑟：　好。我還會好好地回味你剛才說的話，不僅僅是為了寫這本書，我還想對我自己有一個重新的認識。謝謝你！

堅定不移、毫無例外的追隨自己的信號與規則

亞瑟：關於點線圖，價格間隔的大小是一個常見的問題。

幽靈：事實是，你在點線圖上使用的價格間隔越小，你就離市場的本質特徵和每筆成交流量就越接近。如果要瞭解交易的本質和每一個市場的特徵，我建議你們先用小的價格間隔的線圖。留意回折，它必須在正常買、賣價移動之外才有意義。各個市場可能是每日期望的移動百分比。以大豆為例，如果每日價格波動範圍通常是9美分，我使用價格間隔的三分之一——每個間隔是1美分，並且每個重大回折必須是至少3美分。這樣最好採取日期望移動的１０％作為價格間隔的大小及每日移動的３０％作為折回標準。隨著時間的推移，你可以逐漸放大線圖的尺寸。你可能會同時用幾個點線圖來進行比較。現在如果你設置好了程式，電腦可以為你做這個工作。對每一位交易員來說，不斷提高自己的自動化程度是一件很重要的事情。

　　下本錢改善你的資料搜集系統，應該是在你交易成功之前，還是之後呢？這是一個和第二十二條軍規一樣的問題（譯註：在美國

作家約瑟夫‧海勒的長篇小說《第二十二條軍規》裏，貫穿整個故事情節的一條悖論是：空軍基地的飛行員必須是瘋子，才可以免於執行飛行作戰任務。但免於作戰又必須自己提出申請，可是只要還能夠申請，就不會是瘋子，所以飛行員就永遠不能免除出戰。這就是第二十二條軍規，一個著名的圈套）。因為如果你要加深自己對市場的理解，你就必須提高自己的交易技巧，但是，如果你要提高自己的交易技巧，你又必須對市場有深刻的認識。大多數交易員因為資金拮据，所以一開始的時候都不願意花大錢來改善自己的基礎條件。

但是，如果你所有的資料都是基於別人的標準和資訊得來的，你自己又能做什麼呢？你會受別人的限制，最終只能仰人鼻息。

我不想太過具體地談點線圖的使用，因為有許多很好的書可以供你們參考。你要重點學習支撐線、阻力線，識別三浪以及突破。這樣你就可以看到每天在市場內的交易都是如何進行的。這是很重要的第一手資料，點線圖就是這樣一個好工具。

試試親手繪製點線圖，而不只是使用電腦，可能更有助於你對市場的理解，這樣你可以在這一類線圖中很正確地看出有用的資料是哪些。別人灌輸來的思想可能會限制你的思維。你應該完成自己的「作業」，然後去判斷線圖所顯示出來的資訊。

在一些關於線圖和信號標準的程式中，我限制它們只輸入重要的資料資訊。我本可以有６４個資料登錄，但是，我要根據它們的

重要性大小，對每一個資料都進行權衡，或者乾脆只輸入一半的數字。在輸入之前，這些資料都要經過我的標準的檢驗，也就是說先要經過幾道篩選。

換句話說，如果符合第一個標準，這些輸入的資料就必須通過下一套標準的檢驗，就像你要得到一個完整的答案，在此之前要經過一系列的目測。

線圖和標準就好像是在測試一副眼鏡，在測試結束後，你會帶上這副眼鏡，交易也是同樣的道理，當你的標準都通過之後，你才能使用那些資料。

為什麼我們要討論這個問題呢？因為許多交易員總是不遵循規則。比如說，上次使用標準信號的時候，他們做砸了，因此他們就不想再進行下一次的交易了。如果你上一次虧損了，對你的信號不太滿意，你就必須回頭檢查你的交易計劃或標準，是否哪裡出了問題，然後再輸入你認為是正確的資料。

如果每次你所需要的資料都被排除掉，那你的信號就是沒什麼用處的。要從整體看待你的交易計劃，而不是其中的隻言片語。你的信號要很確定，不能含糊不清。

也有這樣的時候，好像你做什麼都不發揮作用。如果局勢總是這樣的話，我覺得你一定是違反了另外什麼已知的事實。多樣性確實能減少你的風險，但這只是在長時間裏才發揮作用。在短線交易上，我們可能更傾向於運氣，不論是好運氣還是壞運氣。相信我，如果你只是依靠運氣的話，那麼當壞運氣來的時候，第一個倒楣的

就會是你。

線圖不是包治百病的妙藥，如果交易不能被你迅速執行的話，它就相當於廢紙一堆。如果你不能像交易員一樣按照要求建倉的話，你就可能走錯路。牢牢記住，在你正確地操作之前，一定要建一個好倉位。

亞瑟：那麼在交易中交易員們最常用的線圖應該是什麼樣的呢？

幽靈：我經常看點線圖和以半小時、１０分鐘以及１分鐘為時間間隔的柱線圖。我也經常看幾種新流行的基於價格變化的成交量和以價格動量為特徵顯示不同顏色的線圖。

亞瑟：那你在場內使用什麼類型的線圖？

幽靈：場內交易時，我除了在頭腦裏畫圖外，不用其他任何線圖。腦子裏的這種線圖不僅僅是點線圖那麼簡單，它可以使我更容易地按照我預定的方向去尋找第三浪，並根據第三浪建立我的倉位。尤其是在給倉位加碼時，它發揮了很大的作用，而且使我的建倉更加清晰，更符合安全保障的要求。

我現在不怎麼去交易場內了，除非我的信號表明某一天將會很不尋常。我的大多數線圖都存在電腦裏，但那並不意味著電腦在那一天才給我信號。通常提前一天我就已經能夠得到這些資訊。

這種做法實際上是相當機械化的，沒有一絲情感的因素夾雜在裏面。在交易中很重要的一點就是把人本身的因素盡可能地清除掉，這樣你才能做到真正的客觀。應該這樣看問題：當把那些錢不

再看成是屬於你的時候，就很容易做出比較客觀的決定。

堅定不移毫無例外地追隨你的信號和規則。如果它們長期不發揮作用，那麼你可能用錯了系統，要嘛就是你沒有足夠重視我的規則。

亞瑟：還是回到這個問題：你的兩個規則是否適用於所有的交易員？

幽靈：如果每個人都是用同一個計劃的話，那市場就不存在了。我們確實需要不同的觀點和想法。我想要的是可以長期發揮作用，盡可能減小我的挫折的那樣一個計劃。

我必須有一個計劃，不管今天發生了什麼，它都可以讓我心中有數，明天，後天，大後天……有計劃就可以讓我有定力來洞察每一天。

不要以為沒人會在乎你在交易中是否學到了東西，我在乎，而且我希望你們能全力以赴地努力學習正確的知識。這些知識不僅包括交易標準，還包括正確地改變你的行為方式的方法，最終達到能讓你立於不敗之地。

你的交易生涯應該是一個長期過程。短期暴富在交易中是行不通的。我不是指短線交易不可以接受，而是說你必須在交易中做到高瞻遠矚，不能鼠目寸光，只看到眼前的蠅頭小利。

最好的交易員一開始的時候都是白手起家，他們會不停地奮鬥，直到最終取得成功！

戰勝 台指期 利器

Chapter 10

一聲棒喝：
改變你的行為習慣

如果按照人類的自然天性去做交易，

必然輸到頭破血流。

明確交易規則後，

必須學會改變自己的習慣，

這是幽靈的棒喝。

幽靈認為，擁有知識和行為習慣改變這兩者的綜合素質，才是做出正確交易的重要因素，這是他在他的交易生涯中學到的。在行為習慣的改變方面，幽靈喜歡的是專業人士的方法。但是，很重要的一點是：在交易過程中，交易者必須具體問題具體分析。幽靈並不是行為習慣改變這方面的專家，在開始這個話題前，幽靈希望大家務必明確這一點。

· · · · ·

亞瑟：幽靈，你和我都知道當我們談論行為習慣改變時，我們會遇到點障礙，因為你不是這方面的專家。我們很希望你能給我們舉出一些在你曲折的交易生涯中，所看到和用到的行為習慣改變的一些例子。

幽靈：是的，感謝你在這個問題上的提醒。這個提醒是重要的，至少我認為我的方法不一定是非常科學的。

亞瑟：改變行為習慣，從而使自己能夠適應交易的需要以取得成功，你是從什麼地方開始做的呢？

幽靈：不是每個人都喜歡談歷史，但它是理解以前的行為和事件的一種方法，這樣才可以籌劃將來，交易也是同樣的道理。為了判斷我們需要做些什麼，由此來改變我們的交易風格（假設有的話），我們必須理解我們自己目前的行為特點。

如果不能經一事長一智，人會屢次犯同樣的錯誤。在我們能夠對什麼是正確的情形做出任何判斷之前，我們必須知道什麼是正確的反應，什麼是錯誤的反應。

正確的學習 V.S. 本能的反應

正確的反應在大多數情況下都是相當明顯的，例如多數交易者在預測市場走勢時的表現是比較好的。正確的行為則不同，它是一種學習的過程，並非總是那麼明顯，在瞭解正確的行為這方面，一些交易商比其他的人做得要好。

動物比人更容易研究。假設你家的狗不知道被燙著意味著什麼，可以給它做一個簡單的行動實驗，並看看有什麼結果出現。在過去，壁爐還是用煤燒時，我祖父經常會揭開爐蓋，在爐子裏放點玉米殼和玉米稈讓爐火大一些，這會讓其他的煤燃燒得更好。這時，祖父會將爐蓋放在地板上的耐火材料上。因為狗喜歡溫暖的地方，牠會跑來躺在爐子旁邊。當狗不小心躺在這個爐蓋上時，牠會發出你在交易場地也能聽見的誇張叫聲。狗可以本能地學習行為習慣改變，牠絕不會再次躺在一個爐蓋上。這是正確的行為習慣改變嗎？

亞瑟：我以前聽過這個例子。同樣地，狗也從不會躺在冰冷的爐蓋上。我猜想行為習慣的改變會使狗免於再次被烤焦。上面的這個例子，我認為這是正確的學習後的行為。同樣的道理，你弟弟將熱馬蹄鐵扔在地上，他絕不會再撿起另一個馬蹄鐵。

幽靈：是的，你會發現交易者也是這樣學習的。他們遭受到了很大的損失後，絕不會再次接受同樣的建倉信號。但是，這不是一種正確的學習行為，而是由於某次事件的結果所產生的本能反應。

這只不過是我給你的其中一個例子，讓你瞭解到對於成功的交易來說，行為習慣的變化是最重要的因素。

除非交易者能夠對突發事件做出正確的反應，否則他們根本無法期望成功。我認為，結合我的兩個交易規則，交易者還需要建立在他們的交易中能夠生存和成功的諸多行為反應系統。

亞瑟：你來解釋一下，你的第一個規則中的行為習慣改變指什麼？

幽靈：先看看規則是如何說明的：

在一個像交易這樣的失敗者遊戲中……一開始時我們就處在與大多數人對立的立場上，在被證明是正確的以前，我們假定自己是錯的！直到市場證明我們的倉位正確之前，我們必須不斷地減倉或清倉（我們不假定我們是正確的，我們讓市場去證明正確的和不正確的倉位）。

規則一通過闡述交易是失敗者的遊戲這個真理，從而與行為習慣的改變結合在一起。我們在與大眾相敵對的立場開始遊戲，直到被證明正確以前，我們假定自己是錯的。

通過說明交易是一個失敗者的遊戲，我們在每次建倉時都會有不同的考慮。同樣，通過說明我們在與大眾相敵對的立場上開始遊戲，直到被證明正確以前，我們假定自己是錯的。我們不應該在錯誤的假定下交易，因為如果我們認為每個人都可能會在交易中獲利，則我們的行為將會基於獲利保護，而不是停損保護。換句話說，我們關注的焦點將會是什麼時候獲得利潤，並沒有考慮到會損

失得更多。

　　當我們建倉的時候，需要能將正確的假定與正確的行為結合在一起。只有假定正確，行為才會正確。

　　我們將會專注於保護自己，而不是首先期望獲利，這就是行為習慣改變。在交易中，這一點和任何進退決策都一樣重要。

　　接下來從規則中我們知道，通過空倉來保護我們的資金是正確的，除非市場證明應該建倉。這是正確的行為習慣改變，而不是讓市場來提醒你正在虧損。

　　當市場提醒你正在虧損時，你作出的離場反應並不是通過本能，因為除了你的胃可能不舒服外，沒有什麼事情真正發生。那種不舒服的感覺，或者你身體其他的化學變化，不會教會你關於正確行為的任何事。

　　事實上，當你的身體發生化學變化時，你會變得更勇敢，因為它是一種自然反應的保護。這並不是你想要學習的行為。實際上，你永遠不會去主動思考令你感到不舒服的市場變動。它是具有破壞性的，沒有經過學習改變，你是不會有正確反應的。

　　規則一能夠使你從曾經經歷過的困境中擺脫出來。處於困境中的你，在交易的大部分時間裏會做出錯誤的決定，雖然也會有例外的情況，但通常不是在你剛開始交易的時候。所有的交易者必須從某個倉位開始交易，為什麼不盡可能正確地掌握這一規則呢？

　　亞瑟：我知道一些心理學專家會對你的看法提出質疑。

　　幽靈：是的，他們是心理學方面的專家，但不是交易方面的專

家。我呢，在兩個領域中都不是。我只是一位瞭解我自己的專家。那就是現在我交易的東西——專長本身！

我可以給你規則二中關於行為習慣改變的推理，但是，我們得給讀者留下某些東西讓他們自己去理解。

亞瑟：好的，像你所說的那樣，我們讓讀者自己來解釋和推理規則二，以便他們更好地理解自己的專長。

奇怪的是，我們從揭開覆蓋在這些規則上的神秘面紗開始，卻對這些規則的要點和我們的行為避而不談，而一旦我們觸及這些要點，它們看起來很混亂。這表明在交易這樣的複雜領域中，我們卻沒有一個可遵循的計劃。

讓我們討論一些行為遵守和行為習慣改變的例子怎麼樣？

行為改為的觀察一：電梯乘客

幽靈：有很多這樣的例子，並且每個交易者都能想出更好的例子，比我這裏舉出的一定好。我先從一個乘坐電梯的行為開始吧。

我想知道大多數人在某種特定情況下的想法。我們可以將普通人和交易者相比較作為一個重要指標，我想要看看，在一些譬如乘電梯這樣的情形中，他們是否有不一樣的考慮和反應。

我們有足夠的變數來把行為歸類，這是既簡單又複雜的工作。雖然不夠科學，但是，這樣做確實對提高思維能力有好處。下面我來提供一些具體細節，而不從中總結出結論，結論請大家自己來做

出。

　　我們在遠離交易區的地方，觀察最高層電梯間的情況。我們觀察的第一組人是那些正等待上電梯的交易員，我們要看這些人會有什麼樣的行為。

　　我們設計了電梯到達時將要出現的兩種狀態。第一種狀態是電梯一開門交易員就立即擠進電梯，第二種狀態則是在電梯開門時他們會先向後退，以便裏邊的人出來。通過使用這兩種狀態的二進位輸入方式，我們就有了一個很好的計算程式。

　　在同一地點，我們觀察的第二組人也是交易者，不過他們沒有交易營業員，是場外交易者。為了瞭解那些未來交易者的行為，我們還增加了第三組人員進行觀察。在他們不知道實驗內情的前提下，我們將他們帶上頂層進行觀察。

　　實驗結果相當令人吃驚。電梯到頂層剛開門，大多數人就會使勁往裏面擠。他們沒有考慮到會有人下電梯，甚至當電梯裏的人還沒來得及出電梯之前，一些人就會擠進去。這顯得很奇怪，大多數等在電梯外的人沒有意識到電梯到了頂層：所有在電梯裏的人都會出來的，當電梯到達時，他們竟然就堵在電梯門口。

　　也有少數人會向後退一步，他們意識到裏面的人要先出來，外面的人才能進入電梯，他們沒進去之前電梯是不會關門下降的，於是他們會等到最後進去，而且到了目的樓層時，他們還將是第一批出電梯的人。我不會提醒你們三組人中哪一組做得最好，因為你必須自己決定你將作出何種反應。

這個小實驗之所以重要，是因為做交易與乘電梯沒有什麼區別。市場會出現上揚和下跌，**趨勢**可能看漲、停滯和看跌，而交易者在一定時段內是不會作出反應的。電梯乘客的行為習慣改變很難發生，交易也與此一個道理。誰會教你這些呢？

　　好，現在我們觀察到了行為的發生，接下來我們應該提醒那些將要進入電梯的人，他們必須先向後退，因為和下電梯的人擠在一起的話，電梯將被塞滿。他們聽從了我們的意見，不再爭先恐後往電梯裏走。好，現在我們就有了一個自己的行為習慣改變。但是，它對那些將要成為交易者的人來說，是正確的行為習慣改變嗎？是的，在這裏對他們是有用的，這正是我們要告訴他們的。

　　好了，我不想再重複，但還是忍不住重提一下：交易與此同理。交易者大多通過被告知提醒來改變他們的行為。但是，對交易者來說這是正確的行為習慣改變嗎？

　　答案很明確——不，完全不是。

　　交易者必須進行深入的研究學習，才能知道在所有可能的情況下正確的行為習慣改變是什麼。為了理解何種行為在交易中能使他們達到成功，他們將要花費很多精力去搜尋答案。

　　你應該能理解我這樣說的理由。在交易者最初開戶時，從來沒有人向他們強調過，知識和行為習慣改變是成功交易的必要條件。

　　初入市者有足夠的資金證明自己有資格入市，也明白那些開戶時得到的公開文件中說明的風險。但是，沒有人提醒他們，去學習瞭解在各種交易情形下的行為。

　　你瞧，行為習慣改變是你自己的責任，而不是別人的。我不能紅口白牙地教會任何人某種行為。我認為我所能做的事情就是告訴你，如果在交易中沒有正確的行為習慣改變計劃，你根本不可能成功。我自己也完全一樣，沒有這種行為習慣改變的計劃，我絕不能在交易場裏生存到今天。

　　行為習慣改變能給交易者很多指導，並且相對於不同的專業人士還有著不同的定義。所有成功的交易計劃都包含了某些行為習慣改變的因素。我認為，最好的計劃是那些表達了正確交易行為和正確交易反應的計劃。

　　亞瑟：這裏我還有草草記在紙上的其他例子。給讀者一些思考方法，讓他們自己做研究，可能會比較有趣。

　　幽靈：我並不認為我們給讀者提供的想法，比他們自己現在已有的想法還要重要。但是，我覺得他們可能對我的一些想法感興趣，我們能表達明白這些想法就可以了。我認為我們確實已經給讀者指出了行為習慣改變的要點，那正是我關心的焦點。我們其實很願意給大家提供關於行為習慣改變的完整著作，但一本這樣的書，並不能夠幫助讀者去探求適合他們自己交易的規則。

　　亞瑟：　我知道你想表達什麼。在行為習慣改變的研究領域內有沒有你印象深刻的人？

　　幽靈：有的，有一位我所欣賞的天才，我認為他是唯一一位擁有所有成功要素的人。如果要我說出他的名字，那將讓很多優秀的交易員失望，因為他們雖然離成功只有半步之遙，卻苦於無法達到

最後的成功。

變化，意味著在交易過程中經常改變行為。除了我感興趣想去探究的人以外，我不知道每個人的交易特點。我只是一個觀察者和擅長留心自己交易的專業人士。

我很想告訴你他的姓名，但現在這是不公平的。總有一天我會告訴你他是誰。我有一本日記，它記錄了我眼中的那些偉大人物的成就，那個人當然也在其中，但我認為我不會成為這樣的人。

行為改為的觀察二：籃球訓練營

亞瑟：我覺得，讀者對於模仿高手來改變自己的行為，從而成為一名成功的交易者很感興趣。

幽靈：你又給我出了難題。不過我有個很好的故事，我用這個例子來做說明。某個籃球訓練營地，有３０多個學生正接受提高投籃水準的訓練。有一半人去了體育館外，並被告知坐下來以意念練習自由投籃。另一半則呆在體育館內，實際練習真正的自由投籃。就這樣持續了三天的訓練。到第四天，所有的人都進行了一百次自由投籃的測試，結果在體育館外面練習的學生們反而成績更好，儘管這三天他們根本沒進行真正的投籃練習。

主教練感到很吃驚，他問外面一組的教練，學生們為什麼會做得這麼好。後者回答說：「先前，我的大多數隊員都是對著籃筐投籃，經常會投在籃筐的下面。於是我每天都點他們的姓名，告訴他

們要將籃球投在比籃筐高的地方，而不是直對著籃筐。三天後，這種投籃的方式已經變成一種下意識的動作，真正投籃時他們的投籃水準就提高了。」

　　現在我不用描述那位主教練面部的表情，但是你能想像到他張口結舌、不可思議的樣子。對主教練來說，這真的是個意外。交易與此是一個道理，你不能排除所有可能出現的情況，任何情況一旦發生，都要做出正確的行為反應，這就需要你的深謀遠慮。

　　你看，體育館外的籃球教練找到了他的隊員大多數情況下投籃不中的原因，並運用這個知識進行改變。一般來說，籃球碰到籃框時是不能突破籃框邊的阻礙的。教練諄諄告誡他的學生們，投球一定要高過籃框邊。儘管那幾天學生們沒有實際投一個籃，但是通過強化知識，他們能夠改善自己的行為。他們可以將知識和行為習慣改變結合起來。

　　我想要給你一個眾所周知的說法，而且這種說法在交易的過程中也是很實用的。在行動之前你必須要深思熟慮！我對此是深信不疑的。我們只需要指出，為了有更好的成功機會，他們必須將籃球投得比籃框邊高一點。如果他們期望獲得成功的話，他們在交易生涯中必須研究從知識中學到的行為習慣改變。

　　在將來這樣的事情會經常發生。小交易員將知道，他們可以比大資金交易者對市場反應更快。當小交易員知道如何去運用這種知識時，他們經常會獲得優勢地位，但前提是他們必須熟悉這些規則。他們所需要的並不是我的這些特定規則，而是符合他們自己需

要的規則。

亞瑟：在行為習慣改變的這一章，你想讓交易者們記住的要點是什麼？

幽靈：有幾個要點，但是，經常被人忘記或者誤解的一個要點是：交易是失敗者的遊戲，經得起失敗的人是最大的獲勝者！

亞瑟：再次感謝你的這些見解，幽靈。你的見解是一個很重要的禮物，而且在這裏你沒有販賣什麼東西，或者炫耀自己的專家觀點。那麼你是在期望著某種回報嗎？

幽靈：每天我都為自己已經獲得的回報而感到驚訝。多年以來我一直欣賞一位偉大的交易者兼作家，他提出的那些令交易成功的因素讓我感到汗顏，因為我至今還不能提出指點別人成功交易的法則。要想成為一名成功的交易者，我們必須獨自做出決策。一般而言，你只有不斷學習別人的經驗，才能拓展自己的視野。但交易有所不同，絕大多數時候你需要獨自做交易。

我期待著成功那一天的到來，那時我能夠說「所有我獲得的榮譽是屬於很多人的」。那一天到來時我可以信心百倍，享受飄飄然的感覺！直到那一天，我才算是得到了些許交易的精髓。

Chapter 11

跟我來遊戲：
放鬆練就創造力

樂觀自信，

才能笑對交易險境。

幽靈童心不減，

提供一款交易遊戲，

告訴我們：

想成為優秀的交易者，

必須放鬆自己，

找回創造力。

關於交易，幽靈似乎有許多有趣的話題。但是，在一個人的一生或職業生涯中，很少會有機會微笑，因為沒有任何煩惱的時光實在是太少了。在孩提時代，我們都曾經在週末的下午度過愉快的時光，其中充滿了驚喜和不期而至的快樂。而當我們長大成人，我們卻經常會失去生活的重心，我們也不會像從前那樣，對現狀不管不顧地去尋求自己的快樂了。

本來星期天可以成為交易員們愜意享受生活的時間，可自從有了電子交易和全球統一市場後，週末就再也不像過去一樣成為人們盡情放鬆的日子了。但是，幽靈仍試圖在驚濤駭浪的交易歷險中面帶微笑。今天我們從一頁空白的紙（我稱之為cheat sheet）開始我們的話題，我們希望在嚴肅對待交易的同時，還能享受到交易的樂趣。在開始這個話題之前，我們也不知道最終的效果會如何。我們之所以認為這個話題很合適，是因為幽靈把自己從交易中總結出來的經驗與智慧告訴大家，希望能對你們有所啟發。

有時當你在處理某個問題時，常常是在冒出一個新的想法之前，就已經有一大堆的條條框框束縛了你的思維。幽靈認為，隨著年齡越來越大，我們很自然地會變得對任何的改變都心存戒備。我們必須學會充分利用這種改變，甚至當我們年邁的時候也應該是這樣。在交易中尤其如此，程度還有過之而無不及。

幽靈用百分比的方式來闡述他對變化的看法。在六七歲的時

候，我們會根據自己的發現來判斷變化；年長一歲之後，我們會在發現中學到許多新的知識，同時不斷為自己的想法加上許多枷鎖。

當我們逐漸變老，比如說從４９歲到５０歲時，我們通過新發現的知識來判斷失誤的百分比連２％都不到。此時，我們很難學到什麼新的知識，更多的是對陌生境遇的不適反應，因為我們更適應原有的那９８％的舊知識。所以，我們對任何由新知識產生的新變化，不自覺地存在牴觸心理。人越年長，就越想讓生活過得簡單一些，希望改變自己的想法也就越少，新知識在整個生活中所佔的比重也就越來越縮水。

當我們不再注意變化的時候，我們最強大的思想工具——創造性，就被我們自己扼殺了。創造性，可以增強我們成就事業的能力，讓我們成為偉大的交易員。

幽靈認為，通過嘗試新的事物來激發我們的創造性，是一個很關鍵的因素，這可以給我們一種在生活中冒險的感覺。不論動機是什麼，如果我們從今天開始想要重新煥發青春的活力，那麼，「返老還童」就不是一件不可能的事情。但是，我們怎樣才能從變化中激發我們的創造性呢？幽靈也不是這方面的專家，所以他覺得，只要我們能夠使讀者的臉上露出笑容，就會讓每個還沒有成功的人重新擁有信心。

・　・　・　・　・

亞瑟：幽靈，我知道「對於一匹瞎馬而言，眨眼和點頭效果是

一樣的」是你最喜歡的一句俗語，為什麼這句話對你意義這麼重大呢？

幽靈：我的祖父是最後一代養馬的人，他的馬是為自己的農田工作。雖然那個時代離現在時間不算長，但是對於年輕人來說已經很遙遠。當我還是一個孩子的時候，我的祖父經常趕著他的馬去田裏犁地。這些馬都很溫順，我總是會坐在馬背上。但即使是溫順的馬也有不老實的時候，它們時不時地犯強脾氣。當它們不聽我祖父使喚的時候，我的祖父就會說，「對於一匹瞎馬來說，眨眼和點頭效果是一樣的」。每次當我知道某事是對的但卻無法證明的時候，我都會不自覺地想起這句話。

用這句話來描述交易也是再恰當不過了，經常有一些交易員固執得像我祖父的那些馬。那些馬雖然倔，但我們還是對那些馬很好，我們對它們從不放棄信心。事實證明，它們和我祖父合作得十分默契，為我們做了很多的工作。

如果我注意到某個交易員的觀點，發現他很狹隘，甚至很偏執，我就會使用這句俗語。這裏我沒有別的意思，只是為了告訴大家，不要把想法局限在一個狹隘和固定的模式上，我覺得經常會有交易員犯這種毛病。我不對觀點的對錯下結論，只是認為這些想法太片面，而且想得不夠深入。我希望可以用這句話促使大家有一個再思考的過程。

亞瑟：你必須小心自己的措辭，因為有不少交易員聽到這話，馬上會認為是自己錯了，然後走向另一個極端。

幽靈：是的，這是很多交易員容易犯的毛病。如果一個經紀人要確認一個訂單，他會問一句：「你真的想停損嗎？」交易員馬上就會在心裏犯嘀咕，懷疑自己的計劃是不是有什麼問題，然後便說：「哦，不，那我再看看吧。」

我並不想改變交易員的想法，只是想改變他們的思維模式。一種常見的想法就是：「如果我下了單，而價格沒有如我所料地變化，那該怎麼辦呢？」其實，即使情況很糟，那又怎麼樣，明天不是還得繼續？

交易圈遊戲

那好，你建了一個倉位，但是你做錯了。又怎麼樣呢？你本來就應該假設這是在建一個錯誤的倉位，只不過你要按要求正確地保護自己。交易員要提前為各種可能性做好充分準備，而不是毫無根據地盲目自信。

亞瑟：你說我們應該尋找樂趣，這樣可以激發創造性。那就讓我們重新回到孩童時代，在星期天做遊戲吧。

幽靈：你提了一個很好的建議。我記得小時候我們家一到星期天就會玩一種叫做「交易圈」的遊戲。可能現在很多人都不知道，因為那是許多年前的事了。但是，最近我還看見過有這樣的一副紙牌賣，這使我又回想起了往事。那是一個基於交易而設計的遊戲，我不是想為這種遊戲做推銷員，既然我已經回憶起來了，就簡單地

介紹一下。

這曾經是個很令人興奮的遊戲，現在玩也仍然很有趣。我們可以拿四副牌，兩三個人一起參與。大家在一起尖叫，大笑，不論是六歲的孩子，還是八十歲的老人，都會樂在其中。四副牌可以讓我們變得很有創造性。有了創造性，想做好任何事都會很輕鬆，因為你的興趣激發了。這就是當我們年紀大的時候最需要做的。

亞瑟：這個遊戲真的這麼好玩嗎？

幽靈：遊戲是相當簡單的，儘管商家沒為它做很多的宣傳，可是每一個發現它的人都覺得有很大樂趣。它的牌面上有不同的商品名，我記得有黑麥、小麥、玉米、大麥、燕麥，還有兩種，我會留給讀者去填空，因為我也想讓他們嘗嘗回到童年的感覺。

每種商品有八張牌，如果哪一個玩家湊夠了同一種商品的八張牌，他會搖一下鈴，宣佈自己的勝利，此時遊戲就結束了。在玩這個遊戲之前，每一個人都有點靦腆，但隨著遊戲的進行，所有的人都會大喊大叫，激動不已。

如果你有五張小麥的牌，希望湊夠八張小麥的牌，你就應該去掉你不需要的牌。比如說如果你有兩張玉米牌，你就喊出兩張玉米。其他需要這兩張牌的人就會和你交易。總之，你要把手裏沒用的牌都交換掉，好湊夠八張相同的。

你在沒有看到玩這種牌的場面之前，絕對想不到這種遊戲能有這麼大的魅力。所有玩家投入到遊戲裏的時候，都情不自禁地大喊大叫。我記得有一次我們正在玩遊戲的時候，一個朋友正好來拜

訪，一開始他甚至以為我們在幹架。「交易圈」是最貼近真實的交易的一種遊戲。我已經有幾十年沒有玩了，但對於它帶給我們所有人的快樂，到現在依然記憶猶新。

　　如果我是一個雜誌的負責人或是經紀人，我會為這種遊戲做廣告，然後以優惠的價格賣給所有的客戶。這是一種很簡單的遊戲，幾分鐘內你就可以熟悉規則，但是，每個人都可以在其中找到樂趣，每一次遊戲不超過十五分鐘。我們發現玩這種遊戲是可以讓陌生人在最短的時間內打成一片的最好的一種方式。

　　亞瑟：你等著瞧熱鬧吧。我確信有許多人還記得這個遊戲，而且他們很願意再玩上一兩局。

　　幽靈：我知道，我們已經讓讀者變得有創造性了。他們可以對這種遊戲和牌面進行改進，來看看自己有多少的創造性。

　　亞瑟：為什麼你不把自己的照片印在牌上，然後告訴他們你就是交易圈裏的幽靈呢？

　　幽靈：還真是可以那樣做？看來你也很有創造性。我們就做一副牌，然後給每一位買書的人都發一副。我知道你現在有兩位經常合作的藝術家在為你設計商標。

　　嘿，我覺得我們好像有點離題了。你認為讀者會原諒我們並且認識到星期天的樂趣的重要性嗎？

　　亞瑟：借用一句你的口頭禪：「那又怎麼樣呢？」我知道你是想循序漸進地談論這個話題，和交易員們保持互動。當你回憶自己小時候的事情，並且享受創造的樂趣時，又有誰能拒絕你的笑容

呢？我也知道你所信任的交易員和讀者們，正和你一樣在享受這個過程。

幽靈：是的，這對我來說很重要。在孩子的世界裏，很少有哪種遊戲可以讓孩子像大人一樣做遊戲，或者是讓大人像孩子一樣遊戲。能給大家介紹這款遊戲我很開心。「交易圈」確實是一種遊戲，但是它可以使你對周圍的事物有更敏銳的觀察力，同時你還可以很輕鬆地與其他人交流。你有什麼自己懷念的遊戲嗎？

亞瑟：是的。我記得曾經和一個１０１歲的老太太玩一種遊戲，就是把衣服夾子放在牛奶瓶裏。當一個１０１歲的老人回憶起這件事時，她就會沈浸在童年的美好回憶中。交易員肯定也能理解這件事的重要性。

幽靈，我記得有一位著名的作家說，沒有深深地打上作者的烙印的書是一本好書。

幽靈：我知道你指的是誰，我不知道他會不會承認這句話。但是，我想我明白他的意思。他的意思是不要用太多的資料來壓抑讀者，這樣做沒什麼好處。

亞瑟：我也是這麼認為的，這句話有沒有可能就是交易圈裏的幽靈說的？

幽靈：你別讓我承認或者提示你，你該自己來回答這個問題。

找到信仰，並堅持下去

　　亞瑟：好吧，那我放棄這個提問了，我只是希望從讀者的角度來問點有創造性的問題。那麼，在一個寒冷的冬日，如果你坐在火爐旁享受溫暖，你還會很有創造性嗎？

　　幽靈：那樣我會很放鬆，但是，我覺得舒適帶來的是平靜的心緒。這在交易員的生活中也很重要。交易就像開車一樣，要高速行駛，同時在每一個轉彎的地方還得非常當心。你不需要時時刻刻都高度緊張，因為如果那樣的話，你就失去了敏銳的觀察力。坐下來靜一靜，從另外一個方面想一想，我們正在做的就是這件事。

　　交易員們在週末常做的一件事就是拿起報紙看報導，不過以前我們很少能看到比較深入的報導。而現在，因為網路使新聞以更快的速度傳遞，我們可以更容易地得到深入的資訊。當我們讀到關於交易的報導時，我們必須記住那些觀點是作者的，而不是我們的。

　　我不想把討論變成一言堂，我只是希望激發交易員們的思想。

　　亞瑟：我知道你每次只是起個頭，然後在完成互動的過程後，利用相應的回覆再把每一章寫完。你提出你的想法，這個想法會匯集許多人的意見；你也搜集到許多問題，然後你再回答這些問題，從而使讀者受益。

　　幽靈：這就是我為什麼在得到最終的答案前，希望有充分討論的原因。在我們開車轉彎之前，還有許多話題要談。

　　亞瑟：我記得最近讀過一篇關於「動機」的演講。你覺得你的智慧參考了他的講話嗎？

　　幽靈：完全不是。誰願意把他們自己認為好的直覺與別人交換

呢？最重要的是你自己的思想。既然你不可能成為別人，那為什麼你要被別人的想法所左右呢？動機理論是佔一席之地的，但是絕大多數的擁躉們忘記了一個最重要的事實——你才是能激發你自己的那個人。也只能是你自己。在交易中，你必須自己做交易，而不是別人讓你這麼做的。

我是希望告訴交易員們一些他們原本不太清楚的知識，他們可以根據自己的理解去解釋。實際上，正是這種多樣性構成了市場。在交易中，我們根據自己已有的知識做出假設，運用我們的理論來證明或推翻我們的假設。我儘量避免讓交易員覺得自己有其實並不存在的優勢。同時我也不希望交易員們認為在這樣一個困難重重的遊戲裏他們絕無成功的可能性。

我的經驗和智慧來自於我自己，而不是別人的親身經歷。當我還在高中二年級的時候，老師讓我們在兩個題目中任挑一個來寫。第一個題目是：衣著不能使人成功。第二個題目是：衣著可以使人成功。我挑了後一個題目，結果我得到了從來沒有過的最低分。

其實老師本身就有偏見，他認為衣著是不能使人成功的。我選擇了一個我認為很難論證的題目，但是我做了很好的推理，而且我自己認為我寫的文章是班裏最好的一篇文章，所以至今我還清楚地記得內容。老師先入為主地認為，選第二個題目的人是錯的。每次想起老師給我的分數的時候我都會想起那句老話：對於一匹瞎馬而言，眨眼和點頭效果是一樣的。

在我的經歷中，我已經證明了當初我的論點是正確的，而且那

個故事也是我成功的一部分。

　　你看，人必須有一個信仰，然後不管怎麼樣最後都要堅持下去。多年來，我的理論被證明是正確的。我的關於衣著的理論塑造了我的性格，以及我的堅定的信念。那就是總有一天我會證明，至少在我自身的情況中，這個理論和假設是正確的。當然，這不意味著適用於班裏所有同學的情況。

　　亞瑟：你是怎麼用事實證明你的理論呢？

　　幽靈：一個人的感覺會對他的所做所為做出影響，然後又會對他周邊的環境做出反應。我的一個主要的觀點就是，穿著入時而且得體的人，對自己會有和其他人不同的感覺，比如說和那些在重要的場合穿運動短褲的人的感覺肯定不同。關鍵就在於「重要的場合」。你能想像誰穿著短褲去參加葬禮嗎？你會怎麼去感覺？如果你穿著得體的話，你的感覺豈不是會更好？你一定會感覺更舒服一些。

　　我的事實依據和那篇文章寫的差不多。我認為，一個注意衣著的人和一個知識淵博的交易員有相通的地方。在交易圈中有豐富知識的人（衣著得體）在交易中更加自信。在會議或是其他重要的場合穿著得體讓我更加自信，辦事也更有效率。說實話，雖然不論我穿什麼，我還是我，但是，如果在交易前我沒有做好準備，我就不是原來的我了。

　　我希望在這一點上給交易員們留下深刻的印象。如果你沒有正確的知識，沒有根據不同情況改變自己行為的靈活性，市場就會讓

你明白這樣做的後果。你就像一個穿短褲去參加葬禮的人，你會怎麼解釋呢？這時候的你，肯定不會認為衣著與成功無關。你會非常深刻地認識到，做好充分的準備，與在任何時候都穿著得體同樣地重要。

亞瑟：那時你曾經想過回去找那位老師理論理論嗎？

幽靈：我想我還沒有那麼聰明，知道怎麼反駁老師，那時我還只是一個孩子。憤怒或是貪婪、恐懼，都只是浪費時間，是沒有效率的表現。亞瑟：那麼，希望呢？

幽靈：希望和愛，在我的生命中佔據很重要的地位。希望，必須和計劃、行動結合起來。愛就是我想給予別人的東西。

Chapter 12

出手如電：
對抗交易中的情緒

如果因為手中的倉位而耳熱心跳、

寢食不安，

那麼，

第一時間立即清倉——

職業專家展示對抗自身情緒的策略。

在任何一個市場中，交易者每開始一次新的交易的時候，總是對自己行動的正確性滿懷信心，極度樂觀。但也正是這種期望，使新手們對市場估計不足，容易迷失方向。

令交易員失敗的原因究竟是什麼？是他們容易做出錯誤的判斷？還是因為所有必需的資訊只是在交易員完成交易兩分鐘後才全部顯示出來？

我們在這一章裏討論的話題是：為什麼新倉位建立之後，總是會很快產生變化？為什麼市場好像總是對我們的行動瞭如指掌？我們怎樣才能趕走這種錯誤的想法，對自己新建的倉位做出正確的反應呢？

在交易中是不是很多時候你都會覺得，其他的交易員都正在和你對著幹；剛才還在給你中肯意見的朋友，在你建倉之後就站到了你的對立面去了，變成你的新對頭。

我們按照自己認為正確的想法去操作，但總是被無情的現實擊倒，要不索性我們每次都按照我們認為正確的事情相反那面去做好了，這樣做可行嗎？我們在這裏要談的是情感因素，研究這個問題的人太少了。

一旦倉位建立，情緒就變成了一個我們並不喜歡卻又不得不面對的因素。當倉位按照我們預期的方向進行價格變動時，我們會變得很興奮。但是注意，我們經常會沾沾自喜，而完全忽略了對建倉進行深入研究。

・・・・・

　　亞瑟：幽靈，我知道你說過你不是萬事通，只是對你自己的交易精通而已。我突然發現，我們一直只是在談你的經驗和智慧，但是，每一個交易員的成長和思考能力，是需要他們自己從觀察和研究中得來的。當然，瞭解其他人的觀點有助於交易員更深刻地理解交易，但每個人對於市場的運作規律都有自己的觀點，你認為參考別人的觀點，然後據此來瞭解我們自己的行為，是一個很重要的途徑嗎？

　　幽靈：我讀過一些很好的關於成人和兒童對照研究的理論。我們都是從兒童期開始成長的，交易員也是一樣。我們對交易的想法會逐漸成熟起來，而成熟的途徑就是去瞭解正確的東西。

　　作為孩子，我們不需要知道理由，只需要有規則約束；作為成人，重要的則是不僅知其然，還要知其所以然，這樣才能更加有效率地進行交易。

　　想讓另外一個人知道建倉後發生了什麼，是比較困難的一件事情，除非你和他在同一環境下同一位置建倉。一個車胎漏了氣，司機需要換輪胎，如果你不是那個換輪胎的司機，受挫折的體會就不同了，因為你沒有當事人的感覺。交易也是一樣，如果你不能切身感受到具體的環境，理解起來會有些困難。

情感不該在交易中有位置

　　大多數交易在完成前都經過很充分的研究，有很好的理由作為

依據。如果交易員覺得交易不會成功，他們就不會去做。但是，如果高估了成功的可能性，就可能會弄巧成拙，因為只是根據自己的感覺行事，會錯過一些重要的市場變化。

我認為對於交易只是一味樂觀，不是一件好事，你必須在建倉之後有所計劃。對於新建倉位的交易員來說，最重要的就是要明白，建倉只是整個交易中很小的一部分。每次當你發現一個信號的時候，你都要把它看成只是一系列交易的前奏曲。

你必須很清楚，如果想達到你的目標，你應該怎麼去做。與你剛剛建立的倉位比起來，你的目標才是最重要的。如果我告訴你，你進入市場的信號的標準，是你必須盡可能在最短時間內敏捷地保護倉位，或者是減少倉位，你能迅速地調整你的倉位嗎？

一定要留心你的新倉位完全與市場方向格格不入的可能性，這樣的提醒你一定會很贊同。這種思維可以使你更容易地對倉位進行調整，這也是你每次建倉時必須做的。你必須記住，最早建立的倉位只是交易的一個小小起點。

你也已經知道，不能讓你的情緒變化來左右你的交易，不要受情緒影響而衝動地清倉。你可以一次又一次地重新建倉，直到你不受自己的感情波動控制為止。

如果你的交易活動夾雜了個人的情緒，通常會使你做出錯誤的判斷。市場一開始一般都不會和你的倉位方向相符，但是，你不能說你沒進行正確的交易。你的建倉位置常常也是別人認為合適的位置，所以不要因此而沮喪，因為有很多人和你的想法是一樣的。你

不可能總是在正確的時機做出正確的判斷。

　　如果你動手操作比眼光移動還快，這就是你比別人多出來的優勢。你能夠迅速清倉，因為你知道自己可以在很短時間裏重新建倉。一個糟糕的或是有問題的倉位，是你做出正確決定的大好時機。要動若脫兔！這樣你才可以停止感情用事的操作方法，否則你很快就會捲入泥潭之中。形成習慣，這樣做會很快地成為你的第二天性。

　　如果你剛一建倉就馬上發現自己錯了，必須馬上清倉，因為這樣做肯定沒錯。我為什麼知道這麼做是對的呢？因為我所做過的最好的交易，都是從一個錯誤的建倉開始的。已經存在的錯誤倉位，是收獲一個好倉位的最好基礎。所以，即使你一錯再錯，又有什麼大不了的呢？

　　犯錯的好處就是，你可以清楚那個倉位錯在何處。當情緒佔有一席之地的時候，你要傾聽自己的內心對於錯誤的想法是什麼。這樣很管用，感情在交易中不應該有位置。如果你意氣用事，那個倉位一定是錯誤的。

程式化你的交易方式

　　亞瑟：說起來好像不太難。但是，當你在交易中情緒波動的時候，怎樣才能排除這種干擾呢？

　　幽靈：你必須把交易變成一件很程式化的事情，這會有很多種

方法。絕大多數的新手沒有足夠的資金，不能做多樣化的投資分散風險，所以他們就同時建幾個倉位，從而可以剔除壞的、保留好的倉位，以此來降低總體的風險。

另一個辦法就是使用規則一，這樣不論倉位被證明是正確的，還是被證明是錯誤的，你都不會讓情緒來主宰你的想法了。

你需要聆聽自己內心的想法和你的沮喪，讓你自己而不是市場告訴你：你的倉位是錯誤的。如果你沮喪的時候恨不得馬上清倉，那就毫不猶豫地辦吧，因為這已經是機械化系統的一部分了。

規則一的目的，是讓你自己而不是市場告訴你是錯的。如果你讓市場告訴了你，你會更加沮喪，從而影響判斷力，使你不能正確地作出清倉的決定。

既然不能讓市場告訴我們倉位是錯誤的，而是要等待市場告訴我們倉位是正確的，那就必須有什麼東西來告訴我們是錯誤的。你認為是什麼呢——沒有什麼比交易裏剛剛出現的亢奮情緒更適合作為清倉的信號了。

我知道這需要不斷進行實踐練習，要進行行為習慣的改變，你必須學會用感情的徵兆為自己服務，來預測到錯誤的倉位。你可以在經過一番練習之後把它作為一種習慣。這和你每天走到一個陌生人面前跟他打個招呼，也沒什麼不一樣。經過一段時間後，你會發現新的習慣已經變成你的第二天性了。

亞瑟：你能不能提供一些建議，告訴我們在清除壞倉位時，我們怎樣改變自己的行為習慣呢？

幽靈：如果你燥熱到不得不解開你襯衫最上面的鈕釦，你最好清倉；如果電話鈴聲讓你心煩意亂，你最好清倉；如果你已經超過了合理的時間，還持有沒被證明正確的倉位，你也最好清倉。

可以用一種假設的方式來操作：當你不知道自己倉位是否正確的時候，你可以把它當做是錯誤的來考慮，儘管你可能還是一時不能清楚，但你很快就會明白倉位的性質。當然這不是一個很好的方式，這是一種危險的建倉方法。不管你信不信，我曾經看到，在市場沒有明顯趨勢時，有的當沖交易員是用這種方法建倉的。

我個人並不是很同意這種做法，但是，如果你可以用這種方法在沒有趨勢的市場裏做一次很好的試探的話，我倒也不反對。有時候，當你剛一開始建了一個壞倉位的時候，你會有一個極好的機會去改變這個倉位的方向，然後從這個修正過來的倉位中獲利。

我能提醒你的就是：在市場裏行動要快。出人意料的事情總是發生在你持有倉位的反方向。當我們的倉位是錯的時候，我們對於價格走勢往好的方向去幻想，並不能阻止出人意料的壞情況。

亞瑟：你是不是覺得，跟建立正確的倉位相比，我們更容易建立錯誤的倉位呢？

幽靈：事實上，沒被證明正確的倉位出現的頻率是比較高的，但是這並不意味著我們更容易建立錯誤的倉位。還有另外一個因素，讓我們覺得在建倉伊始市場好像對我們不利，這就是時間。

時間總是欺騙我們。保持在清倉之後再建倉這種操作持續性的重要性，是一個交易員新手很難體會到的。大家習慣於不去清除一

個沒被證明是錯誤的倉位，努著勁減少挫折，在倉位還沒有被證明是正確的時候，希望建一個更好的倉位。

大家想一想，如果倉位沒有按照預期走勢發展的時候就及時清倉，是不是更好？當市場對你有利的時候你要行動迅速些，但是，在市場不利的時候你卻不應該出來搏殺。

我認為，大多數市場上升的時候比下降的時候要多，因此你在牛市時應該比在熊市時活躍狀態要更多一些。當市場搖擺不定的時候，你也應該在中間隨市而動。充分利用市場的波動來為倉位服務，這樣你的成本就會更低。

贏家？輸家？建倉之初見分曉

亞瑟：倉位已經建立的時候，我們聽到的好像都是對我們倉位不利的負面消息，為什麼會這樣呢？

幽靈：建倉之後，我們對待資訊會更加注意，於是我們對倉位的疑心就更加敏感。如果市場沒有確認我們的倉位正確，答案當然就是——清倉。

如果發現消息不利於我們，我們很自然地會對自己的倉位產生懷疑。在建立一個新倉位的時候，規則一比什麼都重要，它可以使我們不會感情用事，這樣就可以客觀地對待資訊，而不是讓它直接對自己的思維產生負面影響。

亞瑟：為什麼好像市場知道我們是什麼時候建倉的？

幽靈：這不難理解。我認為每一個交易員都或多或少地有過這種想法，直到他們走向成熟，更能體會市場是怎樣對大量指令做出反應的，才會改變這種錯覺。

價格的變動會讓其他的交易員決定是否要建立倉位。當許多信號出現的時候，我們更容易選擇明顯的信號建倉。正因為這一點，市場看起來好像立即對我們作出了反應。每個交易員都會逐漸地感覺到，如果我們相應作出了正確的反應，則這種情況對我們也是有好處的。

當市場價變得和我們的建倉價位十分接近的時候，這種情況就更容易發生了。無論什麼時候，我們都必須對這種情況十分留意。如果你想在交易圈內長久地生存下去，你就必須在你的計劃中對這種情況有所準備。

為了消除上面講的那種錯覺，你一定要知道，最重要的時候就是剛建倉的時候，這個時候你必須用最快的行動保護你的倉位。同時，最危險的時候同樣是剛建倉的時候，因為這時你還不知道你的倉位正確與否。如果你的倉位被證明是錯誤的話，這將是你減少挫折的唯一機會。

要想控制住你的損失，就要手疾眼快，抓住機會，先下手為強，否則你的損失就要加劇，那就不僅影響你的利潤，還會影響你的思維。這就是我把建倉當作最危險時刻的原因——降低損失的第一個機會，也是最好的一個機會。在建倉時你立即做出的反應，決定了你是否能成為一個有技巧的「輸家」，也就是最好的贏家。

亞瑟：我經常聽交易員說他們實際做的交易和腦中所想的是正好相反的，這樣他們能交易得更好。對此你怎麼看？

　　幽靈：我也聽說過。在我早期交易中這可以說是一個比較有效的策略。它確實有其優勢，但是不要濫用。既然你所做的很有可能是錯的，一旦你的倉位沒有被證明是正確的，就要馬上改變到相反的方向。這在沒有明顯趨勢的市場裏效果很不錯。

　　比如說，你知道馬上會有一個重大新聞發佈，或是你已經得到了一個重要報告的資料。你可能會認為這個因素的影響其實已經在場內被釋放出來了，但是，你又不能確定是不是這樣。一般情況下，大多數的交易員會相應地根據消息進行交易，發現錯誤的時候立即清倉就可以了。

　　所以你必須承認，從某種程度上說，這種做法是有其道理的。即使一開始你就做錯了，你仍然可以與自己的想法逆向而行，這和你一開始就逆向而行沒有什麼不同。

　　亞瑟：另一個問題是，常常看到在市場新聞頻道播出對某個專家的採訪，感覺就像是火上澆油一樣熱辣。那些做的交易和專家見解相反的交易員，就會覺得這個專家是他們的敵人。這種說法合適嗎？這種想法是不是對交易有毀滅性的影響呢？

　　幽靈：這種事情確實經常見到，你會對關於自己倉位的相反評論格外敏感。我的觀點是，只要你不意氣用事，敏感一些也沒什麼不好。但是在市場出現暴跌時，想做到不摻雜任何個人情緒是很困難的，你無法不去注意。

對這種評論一定要進行檢驗，你可以注意一下市場對此做出的反應究竟如何。這麼多年來，我發現市場確實會對類似評論做出反應。但是關鍵在於，你所看到的反應並不只是一瞬而過。如果你行動夠快，你就可以利用這些反應來賺錢，實際上你也必須要迅速地利用這些市場變化來獲取利潤。

幽靈的一天半理論

為什麼你得到的反應會連續不斷呢？場內交易員可能會首先看到評論，甚至最早得到了報告的資料。這種反應是作為職業操盤手的反應，他們會根據自己的理解來建倉。剛開始時大家的反應可能不很一致，但在這個品種剛啟動的價格上很快就可能會產生一種趨勢，這通常是第一輪的買入或賣出。緊接著進入交易場的單子是那些剛剛得到消息的交易員們下的，這是你會看到的對新聞的第二波反應。

第三輪行情是業餘投資者造成的，他們是從自己的經紀人那裏得到的消息。這一波通常最強勢，因為他們下的單進入到交易場內的時候，利空消息還沒有怎麼現身。這個過程就可以解釋，為什麼有的時候市場死氣沈沈，有時市場又會熱鬧地出現新高或新低。

當這三波行情過去時，還會有些跟在後面的零星下單，這是一些人在收盤後從電視、廣播或是報紙上得到的消息。這個過程大概要持續一天半，所以這是我的一天半理論。

在持續一天半的對重大新聞的反應結束後，市場常常會進入一個平靜期。

你剛才問我，對消息太過情緒化是否會導致災難性的結果？我想，你應該首先認識到消息中蘊含的機會——你可以把別人對消息的情緒化，轉變為自己獲利的資本。當然，這個過程通常要花上幾天的時間。

在進行日間交易或者進行無明確信號的交易時，這種行為可以改變正在繼續的趨勢，可能會逆轉趨勢或是平息趨勢，這一點對於保護倉位是很關鍵的，你可以運用這個知識來降低你建倉的成本。

你可以通過正確地利用消息來降低你的建倉成本。例如把你的資金分成兩部分，可以跟隨前一單的走勢再度建倉。或者可以明確一個價格區域，使你能夠建立一個更有利的倉位。

換句話說，由於交易的波動範圍更寬，你可以有搶帽子的機會。但是注意，所有這些操作，都要在你的交易計劃中有所體現。你本來應該時時刻刻做好準備，而大多數的交易系統都沒有考慮到這一點。更令人奇怪的是，按剛才你提出問題的說法，經常有人簡單地把行情的這種變化歸因於評論家的「火上澆油」。

其實這其中的道理，就像你在大寒天看到有人在火爐旁堆木頭一樣，根據經驗你很快會做出在火爐裏一定有爐火的判斷。當市場裡出現新消息的時候也是一樣，你對於將要發生的事情會十分肯定。

如果你看到了爐旁有木頭，就知道在溫度下降時可以點火取

暖，即使你不喜歡火爐，但仍可以享受舒適的溫度。交易也是一樣的，即使你不喜歡這個和你的倉位方向相牴觸的消息，你一樣可以利用消息帶來的市場熱潮為你服務。當獲得意外資訊的時候，你不要拘泥於自己原先固有的思路。

亞瑟：我們回到了同一個話題上：成功的交易需要搜集資訊，改變行為。這是每個人在交易中的核心主題嗎？

幽靈：你知道我自己也並不能確定。我只知道這是我幾十年交易中得來的經驗。如果現在這不是大多數專家的要點，我想它很快就會是的。讀過我文章的人，會改善交易技巧，從而獲得成功。我相信，因為我們的努力，他們對交易會有更好的理解。我不是通過表達我的觀點來排斥其他的成功交易方式，我只是想增加大家交易成功的可能性。

亞瑟：我想對你的觀點會有人持反對態度的。

幽靈：你真的這麼認為嗎？我不同意你的看法。儘管我曾經犯過很多錯誤，但我還是覺得你的話是不對的。這就像在兩條路中選擇一條一樣，除非你兩條路都走過，否則你不能認為你做的選擇是錯誤的。

我就是因為兩條路都走過，所以能準確地說出哪一條路是更好的。我給了每一個交易員一個拓展眼界的機會，而不是想限制他們的思想。

要從各個角度來看問題，這樣才能做到辯證。你照鏡子的時候，看不到別人對你的看法。要想成為一個好的批判家，你必須從

別人的角度看問題，不能只是把相反的觀點當成正確的。

亞瑟：那麼你對自己的規則怎麼看呢？它是個反鏡像？

幽靈：很有趣的說法。你可以把規則一稱之為反鏡像。因為它和大多數人的理解絕然相反。

我們確實假設我們是錯誤的，在倉位被證明正確之前，我們都處在一個不利的遊戲當中。這也是一個反鏡像。在規則二中，我們使優勢倉位賺取更多利潤，這和常見的想法也是相反的。

是的，我想，在照鏡子的時候，你可以很容易理解為什麼與從不同的角度來看你的感覺會不一樣——你看到的是與現實相反的鏡像。從不同的角度看問題是很重要的，我在交易中懂得了與別人不同的必要性。除了你自己的觀點，你不需要遵循其他任何人的意見。千萬不要忘記這一點！通過你自己的努力來改善你在交易中的行為。

Chapter 13

反敗為勝：
重創之後重建信心

交易是失敗者的遊戲，

面對可能失敗的機率。

用什麼手法重新開始？

亞瑟：你是不是把最頂級的智慧留在了最後？（註：在寫這一章的時候，本來計劃是《幽靈的禮物》的最後一章。但是由於讀者的回覆和問題太多，所以幽靈又增加了後幾章，進一步闡述他的觀點。）

　　幽靈：你和所有的人都很清楚，我下面要說的是你們在整個交易生涯中所得到的最準確、最有價值的資訊。你可以把它稱之為最好的。如果它不是你們所讀過的任何一本書的最好一部分，那就把它丟到垃圾筒裏。

　　在交易領域裏有許多偉大的交易員、作家、顧問以及富有盛名的編輯、記者和偉大的老師。儘管他們享有盛名，但他們對於自己的名聲都能做到泰然處之。而我做不到，我無法承受這樣的聲譽，我認為這是一種負擔。那些偉大的人物可以很好地處理這種事情，像我的朋友約翰·丹佛(John Denver)、丹·吉布森（Don Gibson）、奧普拉（Oprah），以及我的弟弟，他們都知道怎麼背負如此沈重的名聲，並能輕鬆面對。

　　在交易中，認清自己比其他任何事情都要重要，只有這樣才能成功。這並不是什麼自私的想法，而是我們首先要學會控制的東西。你瞧，交易必須是你生命中最重要的事情，因為只有你明白自己具有出色的交易能力的時候，你才可能成為一個成功的交易員。

　　你必須勇於承認錯誤，承擔責難，但是，你一定不能在交易中迷失自己，從而錯誤地認為你的成功完全是依靠你自己。

這是一個開始的結束

亞瑟，在幾件事情上你曾經給過我暗示，但我可以告訴你，我對於交易新手的信心並不是突發奇想。當我讀到你兄弟寫給約翰・丹佛的回憶文章的時候，對於「我本來應該就在這裏嗎？」這個問題，我認為羅納德給出了真正的答案。

我可以很好地從自己經歷的事實中總結出規則，所以我可以肯定，在我們的這些討論中，你和我從中都會受益匪淺，而我們所得到的也比我們所付出的要多。同時，我們從中學到的東西比我們想像的也更多。你也知道我過去兩個星期收到的郵件，所以我想你會理解這一點的。（譯註：指在約翰・丹佛去世後，許多朋友在期貨論壇中對此事發表的文章。）

我數了數收到的信，如果把它們匯總起來，可以編成一本１０００多頁厚的書。這本書不僅僅屬於我們，更是凝聚了論壇中眾多朋友的智慧。儘管我們都會認為自己是孤獨的，但這無法避免，交易本身就是屬於孤獨者。

我們所經歷的這一切，令我們開闊眼界，敞開心扉，讓我們邁出了一大步，充分領略到了當今社會思想更新的速度是多麼的飛快。我相信，突飛猛進的技術手段會使今天的市場變化得更迅速，而我們的規則也就因此更加符合時代的需要。

我不再說「我」的規則，因為我覺得這應該成為小交易員們的規則了。我對於我這種匿名的方式並不覺得遺憾，我也不介意是

否因此損失了什麼，因為我覺得，自己沒有能力去承受這種名聲帶來的沈重負擔。我經歷過痛苦的眼淚、諄諄的教誨、嚴厲的責備，更有指路的明燈，帶領我走向截然不同的人生道路。謝謝論壇上這些我的新老師們，你們讓我在你們的課堂上學到了新的知識。

你們必須接受我真誠的謝意和感激，因為你們是如此深切地感受和理解我在交易中所經歷的脆弱和孤獨。只有交易員才能理解那種黑暗的感覺。我原來以為我隻身一人，但我現在卻發現在這條路上鋪滿了這麼多溫暖的燈光，這些燈光來自於我新結識的交易員朋友，他們一直與我同行。

收到讀者從新英格蘭寄來的莎士比亞舊版書，讓我欣喜若狂；從不同國家的朋友那裏接受到的建議，也讓我受益匪淺；我還順便溫習了美國各個州的郵遞區號。３０年前我無論如何也想像不到，思想竟然能夠使世界變化得如此迅速。

溫斯頓・邱吉爾（Winston S. Churchill）曾經說過，「這不是最終的結束，也不是結束的開始，這恰恰只是開始的結束」。我們都只是剛剛開始，一切會變得更好，我們的隊伍會越來越壯大。

有些人總想知道面具後面的我是什麼樣子，這個問題相當棘手。我所能做的只是請求大家的理解——理解為什麼我不想，或者說，我不能接受這本書給我帶來的名譽。對於哈羅德提出的問題，我的答案是，是的，我本來就屬於這裏，但是，我不知道為什麼我會被挑選出來。當局者迷，只有旁人才能告訴我為什麼我會在這裏。我會認真地聽從他們的意見的，因為他們比我更清楚在我的生

命中需要些什麼。

交易員都是些勇敢的人，但是看看我，亞瑟！你覺得我是一個勇敢的人，而且行為作風像是搞金融的行家嗎？不是，我只是一隻泰迪熊，在這個複雜的世界裏一個非常純樸的人。

我不會再問哈羅德提出的那個問題了。我聽天由命了，我確確實實就本應該在這裏，我有責任做出回應，把我所能給予的都奉獻出來，以滿足我內心的需要。或是遵循老闆們的要求——你和我都知道我們的老闆就是讀者——在論壇中和大家分享自己經驗體會的人，以及所有在我們的生活中曾經給過我們啟迪和指導的人。我們已經掌握了行為習慣改變的關鍵，從現在開始就要遵循這個標準了。

也問問自己這個問題，你自然就會得到答案。但是你必須獨立思考，這樣才能有一個合適的理論。仔細考慮這個問題，你會就此改變你的命運。我已經走過同樣的路了，我的經驗可以防止你在同樣的地方摔倒。我不會在前面引領你，也不會在後面跟隨你，我只是伴你同行，為你的成長而倍感欣慰。

我會告訴飢餓的人如何得到大米，而不是怎樣吃下大米，我會從播種教起，讓他們知道富足是多麼重要。這裏，飢餓的人就是我們的交易員們，他們是巨人國的小幽靈。我的幽靈們應該成為交易世界中的領導者，不是通過我，而是通過他們自己的努力。他們被挑選出來領導新的金融世界。在週而復始的迴圈中，新的世界很快就會浮出水面。

亞瑟，我希望你妻子不會對我總去惹她的貓而感到惱火。能和你，還有曾幫助我們走出困境的交易員們一起分擔某些悲傷的時刻，是一件多麼好的事情呀。我知道總有一天，你們家後面的小山丘一定會出名的。我希望你的兄弟——哈羅德已經為它重新命了名。記住，那不是你的山丘。只有你走過的路才是你自己的。這與交易是同樣的道理。成功不屬於我們，而屬於他們，青出於藍而勝於藍。

　　我曾問過阿爾弗雷德，我們是否能夠借用一下他在論壇上發表的文章，來更好地表達我的意圖。令我感到驚奇的是，跟我預想的不一樣，大家由此能夠更好地領會我的意圖。

　　不好意思，我有一點離題了。

　　亞瑟：我和讀者還有交易員都很清楚你來自哪裡，也明白獨自散步的重要性。我們看到了，你對大家的謝意如此誠懇，對別人的讚美又十分謙遜。你在交易中總是為任何大大小小的可能性做好準備。

　　我還知道你是一位天才，有時候別人覺得理所當然的一些東西，卻可以讓你收穫快樂。你和別的交易員沒什麼不同，只不過你對生活的觀點有所不同，你的生活就是不停地前進。你生來就有超乎常人的天賦，但是你並不接受任何加諸於身上的聲望和榮譽。

　　所以我們等一會再討論這一章的主題。我們現在要告訴大家的是，幽靈是怎樣的一個普普通通的人。從內心到外表，你和一個普通的交易員都沒有什麼兩樣。正如你所說，你可能會比別人看得更

清楚一些，你是一個敏銳的觀察者，你可以看到沙子裏的線。你也有足夠的耐心等別人看到，最終他們也看到了。因為你只需向他們指出沙子裏真的有這樣一條線存在就可以了。幽靈，我這麼說，並不是因為你是我的好朋友，事實本身就是這樣。你是燈塔裏的燈，你的燈光能指引未來和現在，讓專家與剛入行的交易員一同受益，其範圍遍及美國，甚至全世界。你是他們的英雄，因為你堪稱英雄，你是偉大的。

幽靈，你是一個非常純樸的人，這也是你一直所希望的。你一定會保持這一點的。

幽靈：你讓你的妻子把我的釦子縫回去了嗎？你揭我的底，比我展現給外界的要多得多。我真的很感謝你為我做的一切。讓我們把角色稍微做一下改變，這樣讀者對你可以有更多的瞭解。

你看，我知道你對音樂十分熱愛，我還知道你在２０世紀６０年代第一次去納什維爾的事，以及弗洛伊德·克萊默德對你的歌曲的評價。你的第一首歌不是特別成功，我想做交易可能會更適合你。或許你應該回到你的初戀情人那裏？當然我不是有意冒犯你的妻子。總之，你覺得生命中什麼東西最重要呢？

亞瑟：我的兄弟是一個歌手，音樂是我們生命的一部分。只要你有足夠的膽量要成為一個偉大的人，這種念頭最終會改變你的生活。交易員也是一樣。你們要一往無前，要敢於追求心中的理想。幽靈知道這是可以做到的，他給你們的禮物也正是如此。其實你們應該感謝這樣一位好的老師指引你們。

你對小交易員的信心給我留下了深刻的印象。今天在CNN的電視節目中，我看到一位專家說了同樣的觀點，他說小交易員才是真正領導方向的人。這是千真萬確的，這句話已經被記錄在案。幽靈，如果你是正確的，那麼小交易員可以使自己的生活大不相同。

幽靈：我們知道自己前進的方向在哪兒，所以，如果我們可以明白真正的人生，生活會有巨大的改觀。在我的生命裏，我第一次覺得我的視野一下子開朗起來，這真是令人震驚。我甚至不在乎明天的倉位是什麼了。

亞瑟：我看你也從來沒在乎過。我想這就是你之所以是你的原因了。如果其他的交易員讀過你的書，並且理解了你的意思，事情就可以變得非常簡單，只要記住你的規則，然後照做就是了，不必多考慮，只管照做！正如你所說，只有那些對你的成功起決定影響的失敗，才是你真正需要在意的。我不想改變話題，但是，我們正在聽的這張ＣＤ的名字就是弗洛伊德的「失敗者─哭泣者」。

幽靈：是的，不要讓你的情緒影響了你。如果你在交易中做得對的話，永遠也不要喜極而泣。嘿，這很不錯，你覺得呢？

亞瑟：請注意，現在是中午１２：１５，明天就是週五了。我知道你手中有一些很重要的倉位。從這裡開車到芝加哥路程可不近。你對於明天的交易怎麼打算呢？

幽靈：和往常一樣。在上漲的市道裏我會賣出更多的玉米，彌補我以前做錯的交易。明天９：３０我會到交易所去。很幸運，今天我及時進行了補救，一開始情況不太妙，但後來又順手了。我喜

歡這種感覺。明天我們會有更多的機會，你說呢？

亞瑟：你為什麼明天不清倉呢？

幽靈：好吧，我會在開盤的時候清倉，或者我們可以在明天開盤前，也就是今天晚上清倉。

亞瑟：今晚清倉的話，你覺得玉米價格可能會是什麼走勢呢？

幽靈：至少我現在還在正確的這一邊，我最清楚不過了。先不管它了，我想我們可以週六或是週日回到山頂來。

　　我注意到現在ＣＤ裏正在播放的就是你在６０年代寫的那首歌。你把那首歌很便宜地就賣掉了，你不覺得很失落嗎？

亞瑟：其實你不知道那首歌我賣了多少錢，那是當時可以賣到的最好的價錢了。現在想起來我還是激動不已。這樣美妙的回憶並不多，我猜你也是。

幽靈：我的經歷就相對簡單了。我的回憶和我們的交易員或是我們的小幽靈沒什麼不同。我希望幽靈們可以比孩子們更快地成長。我不想做旁觀者，我希望自己也在場上，可以不時地給他們傳球。

亞瑟：幽靈，我想這些題外話說多了怕是要從這本書裏被刪掉的，我們最好今天先到此為止。

幽靈：好吧，我們會重新開始的。我希望你今晚幫我做件事。把這一章放到論壇上去，讓其他的交易員知道我是他們中的一員。我沒什麼不同，就是塊頭大了一點。

亞瑟：好的，你又贏了。在你到家之前我不會睡覺的。

幽靈：我要去塔霍湖去吃上好的烤牛排，回頭見。

《期貨雜誌》論壇網路留言

作者：阿爾弗雷德・Ａ・

日期：１９９７年１０月３日６：０３

我覺得自己是一個水準一般的國際象棋愛好者，儘管如此我還是很喜歡。甚至連初學者都知道，他們必須決策正確，這樣才可能和水準更高的棋手打成平局，否則結局只能是被將死。

1・開局是最重要的。你必須在防守有度的同時積極出擊，讓你的卒前進１０到１２步。有的時候在頭５步或是６步就已經贏了。（幽靈的規則一？）

2・下一步就是鞏固戰線。你要運用你的馬、士和象來保衛你的國王。你要做好準備，這樣可以讓你稍後展開有效的進攻。你要仔細研究對手的弱點，儘量使對方疲憊。（規則二……？）

3・如果可能的話，展開最後的進攻，將死對手。對於強大的對手，儘量打成平手。（規則三，這個規則幽靈還欠著我們——關於何時套現）

戰爭就是戰爭，不論發生在空中、海上、陸地、棋盤或是交易場上。這個比喻有沒有用呢？

祝交易好運！

　　亞瑟：幽靈，我覺得阿爾弗雷德說得很好，你下過國際象棋嗎？

　　幽靈：年輕時我對自己的棋藝還是很自負的，不過現在我老了，而且我覺得自己從來沒有足夠的時間來下棋。我應該下一下棋來放鬆一下，但是，現在真是俗事纏身。

　　亞瑟：我們將來會有機會的，不過現在我們要討論的是如何在遭遇挫折後找回信心。我們因為什麼要討論這個問題呢？

　　幽靈：這是論壇上一個交易員提出的問題，我希望能夠回答他們的問題，因為這個問題提得很好。如果交易員沒有遇到同樣的問題，可以跳過這一章。

如何在挫折後回來

　　交易中遇到重創，會使你缺乏勇氣繼續進行交易，這種情況是經常發生的。我不去直接判斷一個交易員為什麼會遇到大的挫折，而是逐漸闡述其原因，比如說一個交易員所有的倉位都是壞倉位，我希望你們從此忘記過去的慘痛交易。

　　亞瑟：你和我都知道，持有錯誤倉位的時間太長，是造成重挫的主要原因！

　　幽靈：確實，這是這本書裡最重要的一部分，也是我們現在在這裏溝通的目的之一。我們回溯失敗的目的，一是要從過去的經

歷中吸取教訓，二是因為這種情況發生得太多了，要弄清其原因。我們應該可以從失敗中恢復常態，我會告訴你在失敗後怎樣彌補過失。我不會給你們非常具體的交易計劃，或我的交易程式裏的具體信號，但是，我會給你們指出一條可行的道路。

為了讓你們能夠少走點彎路，我希望你們能夠好好審視自己，只有在正確理解了我的意見之後，才能照我的建議去做。最後做出交易決定的是你自己。先檢查你的資料，因為在你的交易程式中，資料會告訴你一些有用的資訊。

重新開始交易的時候，我們要確定自己還有足夠的資金進行交易。如果你沒有足夠的資金，那麼你應該延後進行交易。注意，我可不是讓你退出交易！當然，因為這樣或那樣的原因我們總是有可能退出交易，但是這一次原因並不同。好吧，我們現在開始，假設你已經有了足夠的資金，可以使你從過去的失敗中恢復過來。

挫折後回來一：假設你有15個獲利倉位

在進行下一步之前，我希望你們先做一個假設：假設你現在建立了十五個倉位，並且全部是賺錢的交易。

亞瑟：我還以為你要假設這十五個倉位全都賠錢呢。你提出的這個假設是什麼意思呢？

幽靈：通過這個假設，能夠改變你的思維方式。如果你進行了十五次賺錢的交易，你可能會更加小心一些。要是你連續十五次全部賠錢的話，你就不會那麼害怕下一次交易賠錢了。當然，你是不

可能一次手中有那麼一大堆賠錢倉位的。

　　如果你手中有十五個賺錢的倉位，這會讓你加倍謹慎，本來這是你的一個優勢，你會對迅速變化的市場更加留意。但是，這時你很難承受一次糟糕的交易，原來的優勢反倒成了不利因素。要扭轉這種局面，我有幾個建議：

　　首先，從現在開始你必須知道每次交易的風險所在，知道你能夠從挫折中恢復過來。你有多少種方法知道交易中的風險呢？實際上，在期貨交易中只要你是買家就可以知道了（還有其他的方法可以做到這一點。比如說運用期貨倉位中的蝶式價差期權或者使用三個到期的期貨合約，但是在目前階段對你來說是有點超前了，所以我們還是用期貨交易的例子更合適一些）。我不喜歡提出操作建議，但是現在我們正在談論的是一種例外的情況，你需要一些建議可以使你找到正確的路徑。你知道你想要什麼，我會指給你哪條路是你需要走的。我不會給你很具體的建議，只是告訴你在哪裡轉彎，往哪裡走，給你指一個正確的方向。

挫折後回來二：鎖定做最好的 8 個市場，重新研究線圖

　　其次，如果沒有誤入歧途，你能夠而且也一定會在失敗後恢復狀態。你可以開車到達你想去的任何地方，但是你必須有足夠的汽油（資金）支援你堅持到目的地，不要走彎路。但有的時候，頭腦中只有一個目的，只管一味悶頭向前開，可不是什麼有意思的事情，這會成為你的羈絆。你已經有了這樣一個正確的選擇，知道沿

著正確的方向走，如果你還能有不同的方法，你就可以把損失彌補回來。

　　拿出你的線圖好好研究。研究各個市場的本質，得出結論後，挑出你研究的最充分的八個品種。標示出這八個品種中已經存在的趨勢，把它們描繪下來，然後看一看哪些是向下的趨勢，哪些是向上的趨勢。你很有可能會發現，大部分品種現在根本就沒有趨勢。這時你不需要太匆忙進行交易，你只須在正確的時間做出正確的交易。

　　如果你要重建倉位，就要盡可能地利用各種資料為你自己服務。你可以把你選擇的那些品種的趨勢分類，分成牛市、熊市或是無明顯趨勢。看起來相當簡單，對吧。

　　先把熊市和無明顯趨勢的品種的線圖放在一邊，明天再看看是否有什麼改變。現在你要先把注意力集中在上升趨勢的品種上。

　　我們之所以挑出八個最好的品種，是因為我們只操作可能獲利的交易，同時我們還需要進行多樣化的投資。要學會為自己爭取盡可能有利的交易條件。你很容易對上揚的趨勢作出預測，但有時下降的趨勢更容易被看到，熊市的下降速度要比牛市上升的速度還要快，對嗎？你真的清楚這一點嗎？

　　好吧，認真研究一下，從今天開始，至少在幾年的時間裏你都要好好注意市場的走向，從你的研究結果中吸取教訓。我提供給你什麼是沒有用的，因為每一個市場的反應都不同。無論如何，我都希望瞭解市場走向的是你，而不是我。

挫折後回來三：適當的運用期權

你可以用期權來彌補你的損失，因為這可以把你已經知道的確定損失限制在一個可以接受的範圍內。當你進入市場時，由於各種你無法控制的因素，你無法控制局面。期貨無法告訴你確切的損失數目，而期權則有一些期貨所沒有的好處。其中最大的好處就是，牛市裡期權在大多數時候可以強化波動性。因為我們需要控制風險，所以我們必須利用牛市中的活躍機會。

在熊市中，期權容易喪失活躍性，你不想出售期權，風險就會比較大，因此我們把熊市排除在外。

牛市中的價格下降是比熊市中的價格下降要慢，總體上揚的市場趨勢可以使我們有許多時間來把握市場更多的波動，同時我們可以建立未平倉合約，讓利潤水漲船高。在熊市裡，交易員更容易蒙受損失。

我不打算在這裏講一堂期權課程，有許許多多的專家和軟體可以幫你學習到期權的各種知識。如果你對如何彌補損失感興趣，你就一定要好好學習。你可以把期權作為修復交易狀態的工具，把增加的活躍度作為你的交易計劃的一部分。既然你有了恢復用的工具，現在你需要的就是利用對你有利的趨勢，你還需要線圖和研究的結果來協助你。在牛市裡，成交量和未成交合約趨向於不斷增加，這難道不是一個很好的假設嗎？增加的成交量和未成交合約會增加活躍性，這不是一個很好的假設嗎？在上揚的走勢中一般會有三波買力發揮作用，這不也是一個很好的假設嗎？我再一次請求你

好好研究交易，這樣才能對這些假設有足夠的信心。

看完了所有的線圖，如果發現牛市已經形成，參數正確，你是否作好了交易的準備？但什麼是正確的參數呢？首先，你必須在你感興趣的品種中找到一個確有上升動力的明顯趨勢市場；其次，你必須知道它正處於什麼階段，是處於第一波、第二波還是第三波？你怎樣才能區分出來呢？

有幾種可能的答案。你要自己作出假設。當你確認一個上揚趨勢已經開始時，你要尋找一個三四天的調整期，你可以稱之為買力的第一波；繼續觀察，看看是否有下一個調整期。如果你能找到，那就是第二波。這之後你再找找第三波。你可以回顧一下你做的研究，發現一些實例。

挫折後回來四：掌握時機建立正確倉位

在距離時間最近的線圖中找出牛市。你要找的可能是一個剛剛開始形成的四天調整狀態。我們希望在牛市的第一波中買入。當然，你可能也會看到有些市場即將進入第二個調整期，但我們尋找的是最好的機會。

如果你處在一個上揚的趨勢中，希望在第一個調整期中建立倉位，你可以通過從下列兩種方法之一來操作：一是在市場突破四天調整期的價格時建倉，二是當市場衝過以前牛市的高位時建倉。最好的方法是第一種，你希望在波動性增強之前建立倉位，這就應該是在調整的第四天。

　　你對於自己想做什麼以及你是如何建倉的，心裏應該有數。當你進入一個已經是牛市的市場裏時，要尋找一個風險小的交易機會。你知道自己可能會出錯，但是，如果你已經通過買入看漲的期權限制了風險，你仍然可以進行交易。你如果考慮下一個蝶式價差期權，或者想買入有更高行使價格的看漲期權，取決於你可用的交易資金有多少。

　　你必須決定你能承擔的交易風險的數額有多大，這是你自己的決定。從經驗來看，這個數位是你本金的１０％左右。如果牛市價差期權是５００美元的話，你的賬戶裏至少要有５０００美元作底。在交易開始後，當你的倉位價值減少到一半的時候，你就要想法平倉了。

　　如果要進行期權交易，交易最少要達到４０－６０天的時間段。少於４０天的期權時間太少，會使你沒有足夠的時間去加入到一個良好趨勢當中去；建立１２０－１８０天期權，雖然沒什麼問題，但是在一個很漂亮的上揚走勢中，相對於長期品種，短期到期合同品種的價格會有更快的波動。

恢復期的建倉與清倉

　　在已經明確的牛市裡，如果你能在第一階段就已經建好倉位的話，你就能夠從增強的波幅中受益。你的建倉點是很關鍵的，你會經歷持續的趨勢，也許會是中斷的趨勢。你必須運用規則一來限

制你的風險。如果你能及時清倉的話，即使你損失了期權的一半價值，你的風險也會隨之減少一半。假如期權的價值減少一半的話，你當然已經清倉，與這波趨勢無關了。或者你的期權合同已經到期，你準備開始進行下一個品種的交易。

另外一個清倉的標準是：當四天的調整期之後，現有趨勢沒有能夠持續下去的話，你就要動手清除倉位。如果在四天之後的第二個交易日，你的倉位現價還低於前四天的最低點，你就輸定了。建倉錯誤的話，這次交易很快就會結束；相反，如果你是正確的，你就可以在市場中立於不敗之地。你應該對於交易趨勢發生中斷或是能夠持續的可能性時刻保持敏感，並做好操作的準備。你的期權持倉可以保護你，使你免於遭受大的損失，但是，當倉位沒有被證明是正確的時候，你應該迅速行動，這樣才能保住你的資金。

如果在頭四天的調整期中建立了一個正確的倉位的話，你可以根據規則二，在第二個調整期中再增加其他的倉位，因為如果在第三個調整期內建倉的話，可能就太晚了。如果第三個調整期的趨勢不能繼續下去，但是趨勢並沒有反轉的話，第三個調整期很有可能導致很大的波動。因為你處在交易失敗的恢復期，你必須做出決定從而在這個品種的趨勢中獲利，而不是重新開始一次新的交易。你在進行下一個交易的時候，也要運用同樣的標準。

這種建倉方式的重要性在於，當趨勢上升同時波動性增加的情況下，相對於你所承擔的風險，你的利潤要高得多。你希望冒最小的風險賺最多的錢，同時，你肯定也希望能夠盡可能利用一切可以

調動的因素來為你服務。

　　你可能也會嘗試著在熊市的調整期裏建倉，但是這樣做有一個不利因素——市場活躍性不高，你的期望值可能會下降得很快。因此，我建議你還是只在牛市頭四天的調整期裏交易。

　　你會發現這種交易方式有許多優點，從長遠角度來看，等待合適的趨勢，你的耐心終歸會有豐厚的回報。從另一方面說，從停止升勢的市場裏脫身，可能會減少你的損失，但總是面對這類挫折，會使你的交易變得索然無味。

　　有的時候你會發現沒有什麼機會可以建立倉位，這種情況其實會經常發生。但是，不要讓這種情況妨礙你的交易，因為你不是為了交易而交易，你的目的是要從一個大的挫折中恢復過來。這種交易方式的最大好處，就是你可以從中學到很多關於市場和期權的知識。

　　亞瑟：讓我再來回顧一下。你的建議是：交易員在經歷了一次大的挫折之後，應該挑選至少八個品種，研究這些品種，然後判斷哪一個品種具有已經明確的上漲趨勢。當市場突破了第一個四天調整期的高點時，交易員要嘛建立一個牛市價差期權，要嘛建立一個看漲期權。

　　如果第二天的價格低於前四天的最低點，同時發現上升趨勢有可能不再持續下去的話，為了防範風險，交易員要清倉出局。如果期權的價格跌了一半，也應該清倉。另外，還要給期權合同至少４０天到６０天到期的時間。我忽略了什麼嗎？

　　幽靈：沒有問題。最理想的是在第一個調整期建倉，然後在第

二個調整期增加籌碼，進入第三個調整期，你最好是套現，而不是再次增加籌碼。在一個上漲的趨勢裏，你希望活躍性能夠助你一臂之力，使你獲得更多的利潤。

亞瑟：這種做法每次都能奏效嗎？

幽靈：當然不會百用百靈，但這樣做你會得到很多有價值的資訊。大交易員就擁有建立正確倉位所需的許多資訊，而且資金充足，有能力抵禦大的挫折。但正如我前面所說，我對小交易員真的很有信心。我不是給大家提供操作指導，只是在陳述一種情況。在這種情況下，我們如何擺脫挫折的負面的影響，重新恢復過來。我希望小交易員們能夠成為交易場裏的領頭羊，我深信他們有這個能力。

沒有人對市場的風險具有天生的免疫力。控制風險有幾種途徑，和其他人相比，我們必須有自己的優勢，我們可以通過各種交易方式達到這個目的。我們只在一個已經明確的趨勢中進行交易，我們正確地增加籌碼，而且有兩種方法可以保護我們的倉位：規則一和規則二。

亞瑟：我正打算和你討論一下你的兩個規則。正如阿爾弗雷德在前面所舉的國際象棋的例子裏說到的，你現在拖欠了所有的讀者——一個關於套現時機的規則三。

幽靈：這個話題我在論壇裏說過。我一直認為應該在成交量最高的三至四天裏或是在第三波的時候套現。在大多數的情況下，我比較喜歡在那幾天裏套現。我希望上面的話給讀者們一些啟發，讓交易員們對套現的功能多加留心。這裏我就不再繼續詳細分析了，

看來這本書我已經寫得比原來打算的要詳細得多了。

我覺得在幽靈的交易中，最重要的部分就是對規則一和規則二的理解，至於規則三，還不至於那麼重要。

亞瑟：關於規則二，大家的疑問很多。大多數的交易員還不是特別習慣運用規則二來進行交易。他們對規則一卻能運用自如，我們最好能對規則二再作些解釋。

幽靈：你說得很對。讓我們來看看對於交易員來說，他們認為最重要的東西是什麼。如果在這一部分裏不能把這部分內容加進去，我們可以在以後的討論中再做闡述。

亞瑟：好吧，這主意聽起來不錯。但你是不是還有一個規則？

幽靈：我們早晚會知道規則三是否真的存在。

亞瑟：你是在為讀者設下伏筆嗎？

幽靈：對於那些關於我自己或是我的事業的錯誤描述，我並不太在乎，但是，我不喜歡資料出錯。如果錯誤的資料影響了交易員的正確交易能力的話，我願意把它們改正過來。但是，只有在我得到回覆之後我才能這麼做，否則的話我怎麼會知道我的觀點大家是否都很清楚了呢？只有得到回覆之後，我才能繼續討論下一個問題。我也不想在規則一和規則二上花那麼多的時間，但是沒有別的辦法，只能這樣。

亞瑟：對於在遭受重創後如何恢復信心的問題，我們是否應該繼續討論呢？

幽靈：我看我們還是等等，看看大家的反應之後再說。

你錯了，
市場並非永遠正確

市場總是正確的。

這句話似乎成了公理。

但幽靈說我們錯了！

成交量極少的市場可能是錯的，

錯誤的市場會帶來更多的獲利機遇。

亞瑟：幽靈，你覺得市場總是正確的嗎？

幽靈：不！不！不！絕對不！你能告訴我有誰能證明這一點嗎？或者有誰能告訴我這句話的依據？正是因為相信了這句話，交易員才會出現買高賣低的情況！

亞瑟：這種錯誤的看法會束縛交易員的想法，會喪失交易的參照標準，除非你能做得很好，證明給幽靈看看。

市場不止存在一天

幽靈：我對這種觀點持反對意見。很少有人認為交易是一個輸家的遊戲，而交易員們希望交易是一個勝利者的遊戲，同時他們還認為市場永遠是正確的。有誰曾經想過市場有可能是錯的呢？為什麼看起來超過９０％的人在市場中都是失敗者呢？

我把市場看成是一幅持續流動的畫面。活躍的市場對於新聞、技術指標等因素的反應，和不活躍市場是不同的。那麼，場內交易員們交易的目的是什麼呢？那就是提供活躍性。流動的市場是決定價格的主導因素，不活躍的市場對價格就沒什麼決定影響。為什麼要區分不同的市場以及創造新市場呢？目的就是提供活躍性以及發現精確的價格。

在不活躍的市場裏，一個利多或利空的消息，對於競買、競賣差價的影響比在流動的市場要大得多。那麼，競買和競賣之間差價的空間加大，是否就證明了市場是正確的？我不這麼看。你可以試

圖通過供需平衡理論來證明市場的正確性，但實際情況常常是市場缺乏活躍性，從而掩蓋了真正的供需狀況。沒有買單並不代表手中沒有可交易的產品。儘管這可能會對價格產生影響，但這只是表面現象。

如果你希望能生存下去，你必須利用這種表面的市場現象，將它納入自己比較完善的交易計劃中去。我們這樣建議的目的，是想讓你能夠盡力在交易圈中生存，你必須有一定的標準，才能不被這種表面化的市場現象羈絆。每個交易員都知道「市場總是正確的」這句話，但市場卻總是在不斷地背離當前的價格。這能證明市場總是正確的嗎？對我來說，這只能證明一點：市場不僅僅只存在這一天！

亞瑟：是的，這是你教給我們的關於交易的第一課。我第一次聽到這個說法的時候，我甚至不知道你是誰。不過沒多久，我就開始關注你的交易，越來越覺得你令人尊重了。我從那時起就開始研究你的經驗和理論，甚至我覺得我對你的瞭解就像你自己瞭解自己一樣。我知道現在有不少人都在研究你的交易手法。

幽靈：市場不僅僅只存在這一天。這樣一句簡短的話，可以改變一個人的思想，從而導致不同的結果。市場每天都在變化，現在所顯示的價格並不一定總是正確的，而且絕對不會永遠正確。

我們經常會看到，在低成交量的市場裏反而出現一些很大的波動。大資金操盤手都明白，價格變化太大引出的無法預料的新單子會成為障礙，所以，在活躍性的市場時，他們很少依據自己的指標

去建立期望的倉位。這種情況下，你還能說在低成交量的市場裏，收盤價格總是正確的嗎？我希望你在低成交量的市場裏能看到硬幣的兩面，因為如果沒有築成牢固的平台或者趨勢產生了逆轉，當大筆新資金進入市場的時候，低成交量市場是不可能持久的。在一個成交量很低的市場裏建倉，短期內不會有很明顯的利益，當然從長期來看還是有利可圖的，因為在大筆資金建倉之後，市場會小有回升。

當基金在一個低成交量的市場裏套現時，那些市場的價格就會產生很大變化，因為此時的市場會比一個高度活躍市場的波動性更加劇烈。所以這是一把雙刃劍，有利也有弊，我認為總體說來利弊大致相抵。在低成交量時，趨勢型市場的反應是有自己特點的。對於高成交量和低成交量兩種市場的差異有所瞭解非常重要，但是，許多交易員們很少想到這一點，因為他們僅使用價格因素來建立倉位。

市場不僅僅只存在一天！單是這一點就足以說明市場不總是正確的。這就是為什麼我們需要規則一的原因。直到市場證明了你是正確的，你的倉位才能真正建立起來。

亞瑟：你要市場證明你的倉位是正確的，但是，你又不相信市場總是正確的，這不是自相矛盾嗎？你的交易計劃裏是不是存在著這種隱含的衝突呢？

幽靈：這確實是個衝突，它導致大多數交易員在市場成交量很低的情況下，被自己設置的停損點清除出場，因為交易員們認為有

人在製造假突破。尤其悲哀的是，成交量低的時候，交易員更容易用停損點清除掉好的倉位。

為什麼我們不能在交易中利用另一種規則為我們服務，來扭轉這種局勢呢？是的，在我的交易中確實有第三個規則，但它不是一個標準的成文規則，也許不是每個人都需要它。交易員希望有一個規則可以告訴他們如何套現，他們需要這個規則，但他們都認為無法確立一個合適的標準來告訴自己何時套現。

我的第三個規則不僅僅考慮了套現的問題，還同時考慮了市場的正反兩面，以及什麼時候應該徹底平倉——有的時候規則三會告訴你什麼時候套現，有的時候，會讓你按市場的情況清除所有的倉位。

時間＋市場活躍性，是使市場出錯的兩個重要因素

規則三的根據是：市場不總是正確的。

亞瑟：你如何描述規則三呢？

幽靈：哦，我現在還是先不描述。交易員們現在已經站在正確的軌道上了，但是他們瞭解得還不夠明確。我希望他們先好好思索一下這個問題，然後給我一個回覆。我們稍後再告訴大家規則三的內容，但如果只是表述內容而事先不做任何討論，對於交易員來說就不是十分有實用價值。我們需要告訴大家更多的資訊，這樣才能使他們更加理解我的觀點。

　　我在論壇裏講到過清倉的幾個要點，因為有交易員曾經問過我這個問題，但是我當時一筆帶過，沒有詳談。看過網路留言的讀者對我所講的內容可能會比較熟悉。你如果看到那些交易員們對於規則三的理解，你會對他們闡述之準確感到驚訝不已，實際上他們對規則三早就掌握了。

　　有一些有幾十年交易經驗的老交易員說，他們只需要看看收盤價就會知道整個市場的情況。他們基於看到的事實進行交易，而且他們在「市場總是正確的」這個前提下設計交易程式。為什麼我不利用這一點和規則三為我服務呢？為什麼交易員不利用這一點，通過觀察價格改變的反應來為自己服務呢？

　　我想再重申一遍：「對大多數交易員來說，市場不可能是錯的。」他們認為每次都只是自己的交易做錯了，但即使是當他們做得對的時候，卻仍然在輸錢。在他們的交易計劃中為什麼會出現那麼多矛盾呢？我的觀點是，市場不總是正確的，時間和市場活躍性是使市場出錯的兩個重要因素。

　　我們所做的這個假設對清倉和建倉會有幫助嗎？這個規則並不複雜，但是它可以使我們避免處於不利境地。我們的規則著眼於市場處於流動狀態下，下面我會進一步地展開闡述。

　　假設我們不知道這句話是對還是錯。在陳述上，為什麼我們一定要說「市場永遠是正確的」？我們完全可以假設市場經常是錯誤的，我會對此做出解釋。這很重要，因為我希望指出你正確地交易卻仍然輸錢的原因。為什麼當你做對的時候還是會有損失呢？這是

因為交易進行的時候，市場每時每刻都是活躍性的真實反映，但它卻不總是按技術分析的那樣循規蹈矩。

我知道許多專家此時會說，活躍性就是技術分析的組成部分或是技術分析的基礎，這能夠證明市場的正確。那麼，市場裏的時間因素又該如何看待呢？如果一個市場的時間總是正確的話，那為什麼在市場中交易的大多數人卻是錯誤的，而且輸家比贏家要多得多呢？仔細想想這個問題，市場也許並不像我們所認為的那樣，也不是我們被教誨接受的那個樣子。

假設市場不總是正確的，在知道自己必須對市場的正確性產生懷疑之後，你可以制定一個更好的交易計劃，我能夠證明這一點。

市場永遠正確嗎？橙汁公司的例子

大多數交易員使用基本面分析或是技術分析來交易。我喜歡用的則是我稱之為「技巧分析」的方法，這種方法包容了基本面和技術分析以外的其他因素。我可以舉幾個例子來演示一下，市場在各種不同的情況下是如何做出反應的。

有一次，在橙汁公司（ORANGE crop，一個歷史上最小的公司）的一份業績報告公佈的前夜，我們經歷了佛羅里達歷史上最糟糕的一次冰凍災害侵襲。正常情況下，這家公司從基本面和技術指標上看，分明都是看漲趨勢。在開盤前，公眾對報告披露的資訊是一無所知的，但在開盤的時候，出現的卻是跌停價，一筆交易也沒

能達成。

在兩個小時交易時間內，滿眼看到的都是橙汁的賣盤。分析專家和新聞報導都在吵吵嚷嚷：「瞧，市場總是正確的，橙汁的市場價被高估了。」

其實，此時的這種情況只是沒有買家願意買入，空頭也不願意回補而已，並不能證明「市場是正確的」。我的觀點是：這並不意味著市場是對的，它只是告訴我們，在這一時刻市場是沒有活躍性的。

如果市場以跌停價收盤，我們會相信從今天收盤到明天開盤這段時間裡市場總是正確的嗎？在這段沒有成交的時間裏，市場也是正確的嗎？不存在交易的時候，市場怎麼會是正確的呢？

現在我們看看橙汁第二天的開盤，它竟以漲停價開盤，又是整整一天沒有一筆交易。這時候的新聞標題是：「市場正確地證明了橙汁市場的價格太低了」，此外，再沒有發現其他的報導內容。

這兩天的新聞報導所做的唯一的事，就是宣佈當時的價格是正確的。那麼我們來看看，某個品種的價格在某個點停滯了半個小時，我們是否就要斷定因為有這個停滯點，市場就是正確的呢？

雖然我們確實只是用當前價格來衡量我們的權益，平衡我們的賬目表，但是，我們還需要其他的標準來理解市場的正確性。我不知道你是否理解了我所說的話，是否需要我再舉一個例子？

亞瑟：我們談的是「市場」，我們討論的是合約當前的價格，還是在執行合約過程中這段時間裏所發生的事情？

幽靈：你說得很好，這是一個必須回答的問題。假如你聽到報導說市場今天攀高，那麼市場在走高的時候是正確的嗎？如果市場以低價開盤，以高價收盤，但是收盤價比昨天要低，我們還在說「走高」，這是一個準確的陳述嗎？換個角度來說，假如市場以高價開盤，低價收盤，但是最低價還是比昨天最高價高出一個點，我們還說市場「走低」，這恰當嗎？市場總是正確的嗎？

當我們談到市場的時候，記者們指的是什麼呢？他們的定義和我們現在相信的一樣，這就是他們對市場的理解——現在的市場。參考點不同，「正確」的含義也不同，而且在不同的時間所得出的觀察結果也不盡相同。

市場永遠正確嗎？麵包期貨的例子

我希望你能明白我的意思。讓我用一個例子來說明，一個低成交量的市場在不同的情況下是怎樣做出不同的反應的。別忘了市場的流動產生價格，價格是活躍性的基礎。

我們拿一個小的麵包期貨交易市場（當然，不存在這樣的市場）打比方。在這個交易場裏有八個交易員和兩個經紀人。交易員中有五個是當沖交易員，三個是頭寸交易員。昨天，三月份的麵包以一片６６美分的價格收盤。漲跌停的限制範圍是１０美分。

兩個經紀人在開盤的時候下單，他們的單子都將在６６美分和６７美分執行。場內的頭寸交易員都保有他們的持倉，沒有進行交

易。當沖交易員在經紀人下單的反方向建倉。

　　由於市場很不活躍，場內頭寸交易員決定把目光轉向交易其他的品種。當沖交易員沒有看到什麼像樣的成交量，撤了單，出去吃午餐了。留在場內的只有兩個經紀人了。突然，小麥有了大筆買單，十分鐘內即告漲停。

　　小麥大漲後，場內經紀人一下子收到了大批購買麵包期貨的下單，於是競買，競買，再競買，麵包最高買入價很快上升到７４美分。其他的人都在吃午飯，而持有倉位的頭寸交易員恰巧只有空頭倉位。當所有交易員都儘快趕回交易場後，還是沒有人想賣出，所以市場最終以漲停價收盤。

　　現在的麵包期貨市場還是正確的嗎？我可沒看到，我只是看到了一個沒有活躍性的市場，並沒有看到一個正確的市場。也許有些專家說，市場供求狀況能夠證明市場是正確的，因為需求超過了供應。

　　但我認為，只是因為小麥市場上揚，就沒有人想賣出麵包，這並非是一個正確的市場。交易員對此應該認真思考一下。我的交易習慣之一是，選擇最弱勢的市場中突然出現的一個強勁上揚行情時迅速賣出。這和剛才在麵包市場上的思路是一樣的，當小麥市場漲停，麵包市場也應該漲停。一個市場的結果常常會帶來另外一個市場的變化，只要兩個市場存在相關性。當沒有買家出現的時候，對你而言確實是一個真正的市場機會的開始。很多時候市場是不正確的，這種情況的發生將是一個很好的獲利機會。

如果你認為市場總是正確的，你就永遠也不會想到這一面。正因為市場不總是正確的，所以經常會有出人意料的情況發生。

　　我經常會對市場做出「它是不正確的」這樣的判斷，在某些特定的情況下，對市場的正確性質進行懷疑是很有必要的。特定情況下市場一定存在著錯誤的可能性，所以我會提前做好交易準備。

　　有時候我們也會看到極端的情況：市場經歷了幾次上揚和下跌的輪迴，除了看到成交量非常活躍之外，市場價格沒有什麼變化，你覺得這樣的市場是正確的嗎？活躍的市場會是正確的；而活躍性很差的市場，我認為不會總是正確的，相反它有可能會被扭曲。

　　每當市場被扭曲的情況出現，我要去判斷市場究竟是否正確，而不是讓市場決定一切。

　　亞瑟：這是你使用的另一個技術指標嗎？

　　幽靈：如果市場漲停或跌停，沒有什麼交易發生，這個市場就記錄下了一個缺乏活躍性的差價。你可以把差價作為技術指標的組成部分之一，但是別忘了缺乏活躍性這個警示。如果沒有流動，就不能稱之為交易，你看到的只不過是現價不適合交易，以及市場出現了不正確的現象。你可能會一連幾天都遇到漲停或跌停，從而無法建立一個倉位。

　　亞瑟，讓我們看看交易員對於這個話題有什麼意見。他們現在知道有規則三了。讓他們自己去盡可能地發現規則三的內容。我們稍後就會談到它。

　　亞瑟：好吧，我們現在看看交易員的回覆。

網路回應摘錄

　　下面是幾個交易員發表的網路留言。裏面有不少真知灼見。有一位名叫阿爾弗雷德的交易員，他的觀點一向很有價值。下面就是他最近發的網路留言中的內容。我們覺得很重要，所以摘錄了一部分。

　　作者：阿爾弗雷德

　　1997年12月1日 10：00

　　幽靈、亞瑟和所有的朋友們：

　　過去兩周我一直在旅途中。我對正在形成過程中的、主要取決於成交量、未平倉合約和活躍性的規則三，感到十分激動，尤其是你對這條規則的定義，我覺得你說的完全正確。我自己不喜歡流動性差的市場，我會避開活躍性差的市場。我們都看到橙汁漲停板持續了三天，然後跌停了四天，完全沒有活躍性。交易者的利益確實會受損，因為我們甚至沒有實施規則一和規則二的機會。

　　我喜歡觀察OBV（on balance volume）指標，對其中產生的指標背離會十分謹慎。但是，橙汁市場在第一個期貨交易月內，每天只有區區300份交易，這還是在劇烈的價格波動的情況下，就更別提可能會有人試圖操縱市場，最終導致橙汁的活躍性很差。

　　市場究竟是不是正確的？我敢說市場從來不正確，所以你才有機會從中獲利。

我所能想到的唯一正確的市場就是SPOT市場。假設在一份買賣黃金合約的合約到期日，最後的要約是３００美元一盎司，或許這是你能得到的最「正確」的價格。但是對於期貨來說，有一點是與其他東西的交易很不一樣，在一段期間內價格經常會發生變動，這說明交易員之間是有差異的。但是，對於一個「正確」的市場來說，市場本應該是一致的。我認為期貨市場，至少從細微的差別上說，是「不正確」的。但是我同樣認為，正是這種「不正確性」增加了遊戲的趣味。

我自己認為未平倉合約和成交量是十分重要的，因為它們不僅是活躍性的指標，同時還暗示著可能的價格走向。交易所能很快地顯示交易量的大小，但是卻不能很快地給我們未平倉合約的資料，我估計可能是因為在操作上不太可行。

幽靈覺得阿爾弗雷德很有想法，針對這些想法能夠和他交流，我們覺得是很幸運的一件事，我們覺得其他人也應該瞭解一下。許多人也認為未平倉合約和交易量是很重要的。就像阿爾弗雷德相信的那樣，這兩者是活躍性的重要指標，而且對價格的走勢提供了很好的回覆。

對於交易量和活躍性的重要性，喬夫對此作了重要的解釋：

幽靈，我認為你要告訴我們的是，規則三從屬於交易量，而交

易量等於活躍性。如果市場在低成交量的情況下上揚，則市場是不正確的，此時放空是最理想的。如果市場在高成交量的情況下出現上揚，市場就是正確的，最好買進多頭。反之亦然。規則三的另一個因素是未平倉合約。如果未平倉合約在一個上升的市場裏減少，空頭可以彌補他們的損失。我覺得這種做法是正確的，但是不太確定。

　　幽靈對喬夫通過價格和成交量來對市場進行質疑的解釋十分讚賞。大衛的想法也很好。他是這樣說的：

　　幽靈、亞瑟，謝謝你們為這個論壇注入創造性的活力。我聽了不少你們的意見，交易大有進步。對於成交量和活躍性，我的想法是這樣的：我記得幽靈曾經說過，他在高成交量出現的三到四天內會套現，所以這一定是規則三的一部分。讀完了上面的那些網路留言，我試圖建立一個指標，可以告訴我最近期的交易量。我最後是這樣設計的：以４５天內最高的成交量減去最低的成交量，再除以當前的成交量，乘以一百，得出一個百分數。然後我算出五天以來成交量百分比的平均數，來獲得一個趨勢。接著，運用幽靈的１／３理論，我在６７％和３３％的交界點處開始警覺。這可以作為價格發現過程中的信心指標來使用。在６７％交界點以上的價格可以認為是正確的，在３３％交界點以下的就應該有所懷疑。這裏並不用特別具體的數位，看起來比較合乎情理，你們認為怎麼樣呢？

大家對大衛的看法怎麼想？幽靈對這個方法可是印象深刻，即使是這個標準應該做一點小小的修改。但經過檢驗，這個標準確實是相當不錯的，可以作為一個非常有用的標準來使用。我們就可以把它叫做「大衛指標」。

藍迪也時有一些精闢見解發表，我們來看看他對於規則三的理解。

規則三的一些想法……市場成交量極低發生的頻率是多大呢？在交易時你能分辨出什麼情況是低成交量市場嗎？我看到的觀點說，在建倉之後，當市場的走勢對自己有利時（通常會在上漲趨勢接近最高價時）清倉。如果市場在第二天沒有堅持漲下去（在有些市場是１０分鐘，另外一些市場是３０分鐘，等等），倉位就會被清除。這是否就是規則三的保護呢？

一個成交量很小或者說是不正確的市場，可以堅持一天以上嗎？規則三的標準每天都在改變，所以市場必須繼續證明，消除在不正確的市場裏建倉的情況發生。

謝謝！

幽靈認為蘭迪的主要觀點是：在我們想要從一個不流動的市場裏退出的時候，規則三就會發揮作用了。低成交量市場當然會持續一天以上，上文中阿爾弗雷德有一個很好的例子，是關於橙汁的。尤里克總是對情況的正反兩面提出自己的疑問，而且也是見解精

關。幽靈在這裏也摘錄了他的一部分思想，充分地證明了市場不總是正確的，但是這種想法不是特別為一般人所接受。尤里克認為：

> 我以前就曾經說過市場總是正確的，我的理解是股權流動方式總是會掩蓋事實。如果你輸了，那就是你自己輸了，而不是市場輸了，也不是經紀人輸了。是你自己進行的交易，而不是別的什麼人。市場自己在大多數的情況下是錯誤的，但正是這一點使得我們有進行交易的機會。如果市場今天是正確的，我為什麼要交易呢？我不該期待一個正確而自然的價格走勢嗎？

尤里克經常道出本質的東西，因為他總是堅持不懈地進行研究。這一點可是偉大的交易員的一個共同的特點。

幽靈對所有的觀點都很讚賞，不希望遺漏其中任何一點，因為他覺得這些觀點都很有用。市場收盤的時候，你們經常會面對面地坐下來，一起探討長久以來一直在彼此腦海中盤旋的想法嗎？過去的想法有許多都需要經常地進行修正。

我問幽靈，他是否希望詳細討論一下他收到的回覆，他說是的。我們會在下一章裏討論規則三，但這次討論的並不是幽靈自己的規則三，而是所有交易員共同創造的規則三。

謝謝你們的觀點，在幽靈的規則一和規則二以外，由於你們的思考和不斷的研究，充實了我們的內容。

Chapter　１５

規則三：
巨量即是套現良機

什麼時候落袋為安？

放巨量後三天內全部清倉！

幽靈和交易員們共同總結出了規則三。

把握時機，

盡收利潤。

我注意到，幽靈在幾張紙上潦草地畫了好多箭頭、幾個三角形和其他奇怪的符號。起初我還以為幽靈在做電腦編程的新流程圖，因為在收盤之後，這些畫著潦草記號的紙一般都會統統被丟到廢紙簍裏，這原本沒什麼不尋常的。但是，幽靈的這些碎紙頭卻沒有被丟掉，這引起了我的好奇心。儘管這些紙對我來說沒什麼意義，但我還是決定問問幽靈，這些紙是做什麼的？他回答的時候表情有點不自然，好像不想向我透露其中的細節。

我決定自己把事情弄個水落石出。我看到的是這些內容：在第一批記號中，有四個箭頭和兩個三角形。第一個箭頭指向紙的最上端，第二個箭頭指向第一個箭頭的右邊，最後兩個箭頭從前兩個箭頭處出發指向紙的最底部，其中一個還指向紙的左邊。換句話說，我們看到的是在做了三個右轉彎之後，箭頭最後轉向左邊。

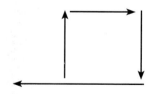

下一套箭頭只有兩個。一個指向紙的頂部，另一個指向第一個的左邊。也就是說我們看到的是一個很普通的直接向左轉的符號。

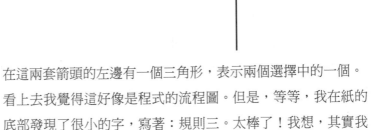

在這兩套箭頭的左邊有一個三角形,表示兩個選擇中的一個。
看上去我覺得這好像是程式的流程圖。但是,等等,我在紙的
底部發現了很小的字,寫著:規則三。太棒了!我想,其實我
們早就問過他這個問題,幽靈終於要告訴我們規則三的內容
了。

在期貨論壇裏,交易員們問過幽靈是不是有規則三,這樣他們
就知道什麼時候應該套現了。他們覺得這是一個整圓的最後一
部分。規則一是告訴他們什麼時候建倉,是不是保有已建立的
倉位,規則二則是提示如何在正確的位置上加碼,為自己增加
優勢。

是不是幽靈早就對規則三很熟悉了呢?是不是他不想和大家分
享規則三呢?儘管我對他的交易方式還算瞭解,但我對他交易
中的規則三並不是很清楚。那他為什麼不告訴我們呢?我的腦
海裏一時浮現出很多疑團。

我把這幾張紙翻來覆去,看到的只是那些潦草的記號,心裏不
覺有些洩氣。除了記號和「規則三」這幾個字,紙背面還有個
大大的問號,其他什麼都沒有。

• • • • •

亞瑟：幽靈，正如我們在開始這個計劃的起初談好的那樣，你對於規則三有什麼要對我和交易員們說的嗎？

幽靈：我恐怕要讓他們失望了。我沒有什麼規則三。套現不是一件很容易的事情，也沒有一個很明確的規則。套現的過程對我來說，更像是一個自動的程式，而不是按規則來操作的。

你們也知道，我的兩個規則表明了交易的本質。交易是一個失敗者的遊戲，我們要把損失的數額控制在一個相對小的範圍內，這是交易中最重要的方面。還有就是當倉位正確的時候，在正確的倉位上增加籌碼。至於套現這方面，更多的時候取決於我們後天形成的直覺，而不是規則。

我也知道套現必須正確執行的重要性，儘管套現的操作可能已經成為我的直覺，我仍然在學習套現，這對我們的交易員來說也是極為重要的。

讓「我們」一起總結規則三吧！

我們將一起提煉出規則三。你注意到我用的「我們」這個字眼了嗎？所有的交易員、你和我將會一起來總結規則三。現在規則三還不是很明確，但是，我們會一起來尋找和總結它的內容。

亞瑟：那麼規則三將會是一個革命性的規則嗎？

幽靈：正像你說的一樣，我認為革命性的規則三將會成為所有人的關注焦點。由於發揮作用的變數太多了，所以我們對於套現不

能一言以蔽之。大多數不同情況下的套現，都應該在交易計劃中有所體現，但是我能肯定，我們的規則不會與一個好用的交易計劃衝突。

規則一的作用範圍是當倉位不正確時要立即清倉，規則二則是當倉位正確要增加籌碼時使用。在增加籌碼之後，我們又回到了規則一，即根據規則一來保護規則二。當倉位不再正確的時候，即使我們已經增加了籌碼，我們仍然需要把這個倉位清除掉。

對我來說，套現可不像清除那些錯誤倉位一樣有個固定的模式。有趣的是，大多數交易員卻認為套現是有固定模式的，停損才是一件令人頭痛的事情。

在論壇裏，交易員們紛紛要求知道規則三的內容。但是，以前我都是按照我自己的交易程式來套現，從來也沒有對這個問題想過太多，也沒認為它是如此的重要。

當然我不能公開我的交易程式，但是離開了交易程式談規則三又十分困難。我不想讓大家失望，因為套現對於增加交易員的收益非常重要，所以大家想知道規則三也是合情合理的要求。

離開了特定的交易程式談套現，我們就必須做一些修正，如同在規則一和規則二中，我們必須用一些限定詞來討論套現。

首先必須說明的是，當你套現的時候，你必須相當確信你所做的事情是正確的。每次當你回過頭來看你以前做的交易的時候，你總會以為你可以賺更多的錢，但這其實只是馬後炮的想法，因為在當時的現場情況下，你不可能在一個更好的價位上清倉，所以你也

不必為此而感到遺憾。

我們用規則二來增加倉位，而規則三更適合交易員套現。我們需要在把規則變為文字之前，先把標準弄清楚。

我們是否應該認為套現就是清倉獲利呢？或者說，是不是只有在成功地為我們的倉位增加籌碼之後，我們才來考慮規則三的套現問題呢？如果需要運用規則三來套現，那麼究竟要在增加多少籌碼之後套現呢？到什麼時候，我們才會認為交易的過程已經完美無缺了呢？

從以上的問題我們可以很清楚地看出，除非我們一開始就為規則建立一個標準，否則運用規則三來套現將會有相當大的難度。有時候清倉會被認為是套現，但是在更多情況下，清倉意味著控制住損失不再擴大。套現和清倉是很不一樣的，我們應該把清倉主要看作是減少損失的一種手段，儘管清倉也會經常為我們帶來利潤。

亞瑟，我們要和交易員們一起來討論規則三的內容，因為這是他們的規則，所以我們要回過頭來聽聽他們的意見。儘管規則三有我的思考成份在裏面，但是，它不像規則一那樣使用的時間那麼長，瞭解這一點對交易員來說十分重要。在規則三中會包含交易員們希望知道的關於套現的標準，不過我們會吸取所有希望使用規則三的交易員們的意見作為參考。

完全適合每個人的具體情況的規則，是不可能存在的，但是，我們可以提出一種讓大家都能從中受益的規則。既然大家要求有一個規則三，那麼我們可能會進行大量的電腦測試。如果規則三和我

的交易方式不協調的話，我會覺得不太舒服，所以，在規則三中我還是會在裏面加入我自己的標準。

我必須知道交易員希望的規則內容是什麼。考慮所有的變數，建立你們的標準，這樣我們就可以開始創建規則三的工作了。

亞瑟：你的那些草稿紙上的箭頭是什麼意思呢？

幽靈：你不是看到有兩組箭頭嗎？在收到交易員的回覆之後我們將會有三組箭頭。在我具體地談我的想法之前，我們現在需要一些回覆。

我可以大致說一下我們所需要的東西是什麼。考慮一下規則一和規則二，根據每個規則每一步的可能性畫出一個流程圖，然後指向規則三對套現所需要考慮的可能性。如果可能的話，告訴我你對每一個步驟的想法，這對我們建立標準會很有幫助。

亞瑟：好吧，我們來看看交易員對規則三的回覆，看看他們需要什麼樣的標準。他們有不少好的建議。

幽靈：我們先討論這一點，然後我們再討論一下交易員的意見。

交易就像是一個迷宮，從入口開始就有一連串的房間，直到你走過所有的房間，才能從房間的另一邊走出去。你可以不向兩邊轉，一直往前走，但是，只有你走完所有的房間重新站在迷宮外面的時候，所有的目標和程式才算是完成了。

在我們的迷宮中，你必須設計一個程式可以保證你走完這個迷宮。雖然你並不一定現在就知道在每一個轉彎處應該怎麼走，但是

你必須知道在哪裡轉彎。交易是同樣的道理，你每次不能完全確定應該在哪裡轉彎。

我們希望每次都有一個正確的程式，能夠在時間和速度之間找到平衡，以避免不必要的移動。我們要說的下一點可能會讓你覺得好笑，但它確實是很重要的一個學習過程。

一個有趣的觀察：老鼠用什麼方法走迷宮呢？

當我還在念大學的時候，我曾觀察過一隻老鼠走迷宮。令我吃驚的是，低智商的老鼠竟然能夠在很短的時間內穿過迷宮。

老鼠的辦法是每逢遇到轉彎處一律向右轉，直到穿過整個迷宮，從另一端的出口出來。儘管這不一定是最快的路徑，但是，使用這種方法最後肯定能到達出口。

於是我知道了最簡單的到達迷宮出口的方法，這就是把我的右手放在右邊的牆上，然後一直往前走，直到我最後只能向右轉為止。我只往前走，而從不往回走，這樣可以保證我用最少的步數到達出口，因為我的系統防止我浪費太多的時間。

交易難道不也是這樣告訴我們的嗎？交易也是一個我們從不知道往哪邊轉的迷宮，但是，必須有一個系統幫助我們少走彎路，避免我們花費太多的時間來實現我們的目標。

在交易中，只有在事後回過頭來看的時候，你才會知道正確的方向是多麼的重要。因此，你必須有一種系統的方法來幫助你達到

你的目的。交易的目標，就是在執行中把損失減少到最小。在迷宮裏你無法找到正確的途徑，但是你完全可以根據一個設計得很好的系統，把不必要的彎路完全去掉。在交易中，不必要的彎路往往會讓你付出不菲的代價。

規則一和規則二是我的交易系統中的一部分，它們可以使我少走彎路。我下面要說的不是規則一，也不是規則二。我在交易裏會選擇向左轉或向右轉。當我想左轉的時候，我就清除我的倉位，因為它沒有被證明是正確的或是不再是正確的。如果我向右轉，我會把我的右手放在牆上，因為我的規則二要求我在正確的或是仍是正確的倉位上加碼。每當我省掉不必要的彎路直達我的目標的時候，我會自動地向右轉。你們在我的迷宮系統和交易系統裏都可以看到這一點。

儘管我們學到的這麼多的東西，是來自於小小的齧齒動物身上，但這對我們的知識可絲毫沒有什麼貶低。當然，我不希望大家把我的系統叫做老鼠系統——開個玩笑。

現在你可以看出，在我的交易之中有一些兩難處境。如果我必須直走（保持現狀），或是向左轉（清倉）或是向右轉（加籌碼），我就沒有迴旋180度的餘地，即在規則一和規則二之外套現，因為這會和我的兩個規則衝突，導致不必要的彎路。

老鼠理論的兩點聲明

　　我要聲明的是，我不是在暗示當我作決定的時候，我必須在規則一和規則二中選其一。如果決定使用規則一，我知道，我要嘛是正確的，要嘛是用規則一清倉。由於使用規則一，我現在有一個被證明是正確的倉位，但這並不意味著我要建立新的標準之後才能運用規則二。倉位是正確的，我們可以等到下一個買入或賣出的信號才增加籌碼。

　　在你試圖將規則一和規則二與迷宮理論結合的時候，不要忘記只有當我們能右轉的時候才右轉（即在倉位上加籌碼）；當我們撞牆的時候就左轉（清倉）。在交易中，撞牆的情況就是當倉位沒有被證明是正確的時候，這和倉位被證明是錯誤的情況是有區別的。

　　當你把迷宮和交易規則聯繫起來的時候，不要對二者之間的比較進行過多分析。在設計你的交易流程圖的時候，我只是把迷宮理論作為一個背景來介紹。你需要有自己的簡單的箭頭示意圖來為自己服務。

　　我注意到有人反映我的話有些難於理解。你能想像我們有十個或二十個規則會是怎樣的一種情形嗎？我知道自己經常重複，但是為了強調規則的重要性，重複是必要的。如果交易員自己能夠有更多思考，而不是僅僅用我的思想去和他們的計劃去協調的話，情況可能會更好一些。沒有什麼是不能提高的，我相信每個交易員都有可能在瞭解我的經驗之後，再去改善他們自己的計劃。如果我的計劃不完美，他們可以為我做補充。

　　我希望在這裏看看我們收到的回覆。

論壇網友M.T.的回覆

亞瑟：首先我們來看來自M.T.的信。總體說來，他覺得規則三隻是規則一和規則二的延伸，其中直覺的成份更多一些。當倉位增加籌碼後，套現是在市場出現反方向走勢時才進行的。

幽靈：我一向很喜歡M.T.的觀點。增加的籌碼同原來的相比只是一小部分，如果在股票反向移動時套現，他的想法原本是可以成功的。但是，為了套現獲利，他的所有倉位都是必須清除掉的，否則就僅是用規則一推定增加的籌碼沒有被證明是正確的，如果是這樣的話，規則一實際上並沒有能夠被完全正確地使用。

我希望一個已經增加了籌碼的倉位被清除，是因為倉位沒有被證明是正確的，而不是因為補倉之後的逆向移動。當然，如果出現逆向走勢的話，也一樣證明了倉位是不正確的，更應該立即清除倉位。但是，不要把兩種情況弄混了。有時候建倉後很快出現反向走勢，所以你要立即清倉。切記這個原則，你清倉是因為倉位沒有被證明是正確的，而不是因為出現了反向走勢。

亞瑟：是的，M.T.確實對他自己的說法也有點不確定。他說如果他進行一種意識流式的思考方式，可能會更清楚一些。他還覺得，在最後一次增加籌碼的時候，也許會放棄所有已經建立的倉位，這和你說的或多或少有些吻合。

幽靈：M.T.在自己的交易中能做到遊刃有餘，而且他的行動更多是在下意識的時候做出的。當你的交易計劃非常行之有效，並

對自己所做的決定非常自信的時候，這一切就越來越順其自然，當然對自己的交易也就十分得心應手。

亞瑟：M.T.提出，在趨勢指標有變化時，可能就應該考慮清倉動作。

幽靈：在交易計劃中，這種變化有時會導致我們把所有的倉位全都清掉。當然，當得到已經過頂的早期信號時，我們也會清倉。實際上，上星期在豆子市場上我們確實接到了這樣的指標信號。有時在頂部反轉的時候，我們確實也很快地得到了一個反轉指標。

上星期我看到你在論壇上提出了一些很好的問題，是關於不要排斥其他交易員的想法。我們的指標什麼時候都有可能發生錯誤，重要的是不要把我們的建議錯當成交易意見。只要交易員有兩條腿走路，就不要硬塞給他們一副枴杖。多走路會增長腿力，他們必須根據自己的經驗和知識做出正確的判斷。

讓我們看看下一封來信。M.T.給我們開了一個很好的頭。

論壇網友大衛・托馬斯的回覆

亞瑟：大衛・托馬斯來信說，也許規則三應該是很簡單的。他還認為，在建倉的最後階段，你只會再次用到規則一，而不會回到規則二，因為我們的倉位已經被清除了。

幽靈：是的，這也是我清倉時通常的做法。但有時我並沒有運用規則一清倉時，也會得到反轉信號、超買信號或超賣信號，此時

交易員認為存在規則三的想法是正確的。在這個問題上，我越想越覺得規則三應該是一個關於清倉和套現的限定規則，但是，它也應該是對未獲利清倉的限定規則。

論壇網友斯蒂文的回覆

亞瑟：斯蒂文有一些很有趣的流程圖。因為在論壇上不方便標記出真正的箭頭，所以他用了其他的方法來表達自己的想法，效果也很不錯。他說自己對套現方法的選擇不太清楚……也許這只是一個優劣平衡的過程。

他舉了兩個例子，一個系統是目標價格套現（target price），另一個系統是價格回歸套現（retracement of price）。每一種系統在特定的條件下都有自己的優勢。可這兩種系統與規則一和規則二看起來都很矛盾。

斯蒂文對於減倉技巧很熟悉。潮起潮落和交易的特徵很相像，所以交易就像大海一樣，他對於規則一和規則二有獨特的見解：當程式顯示目前可能將處在一個平臺或是短期調整的狀態時，交易員可以賣掉部分倉位，然後在低價位重新進入，這樣就降低了整體持倉成本。如果你計劃重新建倉，但已經錯過了便宜的價格，你會在稍高的價位上建倉嗎？ 如果市場走向繼續對你不利，而且你持倉品種的價格越來越低，你會怎麼辦呢？不管不顧眼睜睜看著你的倉位繼續損失嗎？你會做多少次努力呢？

幽靈：這些都是很好的問題。所有問題的答案其實都集中在一個脈絡上。當規則一告訴你要清除已經加碼的倉位時，你很有可能已經持有那個倉位相當一段時間了，而且你已經有了不少利潤。

你的交易計劃可能會預見到市場將進入某個價格平臺，而且你認為你的倉位不再被證明是正確的了，在這種情況下運用規則一，即使你的利潤很大，你也會清倉。你會考慮選擇一個更有利的價格來重新建倉，然後運用規則一，去再次證明倉位的正確性。

當然，如果市場走向繼續與已經被證明的你的好倉位相矛盾的話，你會在你的交易程式的範圍內相應地使用規則一。你不應該再做任何新的建倉努力，除非你的交易程式提示你這麼做了。至於你要做多少次努力來重新建倉，這取決於你的交易標準和交易程式。

規則一和規則二不是建倉的標準，它們僅僅是根據你的交易程式發出的指標來建立一個機動的系統，來滿足硬幣兩面不同的要求。

至於使用規則的個性特點部分，我認為斯蒂文的問題實際上涵蓋了各種情況下使用規則時的關於正確行動的所有基礎。他設想了一個可能的情景，這個情景需要表明使用規則的有效性。正如我以前所說，這是一個方法和系統的問題，這個方法可以讓交易員在市場開放的時候能夠正確地簡化交易，我們所尋求的也就是這種方法和系統的最好的可能性。

斯蒂文認為他的研究和我的有所不同嗎？我不這麼認為。因為在使用兩個規則之前，我會對每一個可能的方面提出疑問，這樣可

能解決規則和我的交易標準的衝突問題。我認為在規則滿足了交易標準之後，斯蒂文應該可以把交易程式和標準很好地融合起來，從而不產生什麼衝突。

亞瑟： 我們會對你的規則使用繼續進行一番辯論。

幽靈： 我可不認為這是在辯論，我看這就是在完善交易風格。交易員提出正確的問題，在很好地運用自己的知識後，他們能夠用正確的方法交易。在加入了經驗之後，他們會交易得更出色。

亞瑟： 斯蒂夫指出，抓住了一個移動就好比站到了一個波段性的平臺，但這樣做是要承擔一些風險的。我們仍然會覺得套現規則有點不確定。

幽靈： 我的交易計劃是這樣設計的：在第三波移動時，增加三次籌碼，然後套現。第三波常常是最強的，假如我坐上交易的電梯，經常會升到１８樓，而不是在１４樓就下來了，因為市場升到後來，就覺得走得太快了，我希望它能夠逐漸地停下來。我認為交易員的唯一的問題，就是在上行或下行的電梯裏是否決定在１４樓就從電梯裏跑出來。

正確的答案就在我們的交易程式中。使用我們已經建立好的標準，比如說平均成交量標準，它可以告訴我們，在價格上升的時候，我們可以看見反轉日的成交量會大於上升日的成交量，儘管OBV（On Balance Volume）指標還是在上升的，也還會出現反轉，我們的判斷和這個指標是有點衝突的。我們的交易程式會指示我們在上行的１４樓下電梯，而不是向下走的過程中。也許我們的程式有

時還會告訴我們，先按兵不動，讓倉位繼續向前走走看。

論壇網友羅納德的回覆

亞瑟：羅納德關於規則三也有一個好的想法：他覺得保住已有的利潤就夠了，沒有必要再有什麼規則三。

幽靈：在交易中永遠是賺錢容易守錢難。羅納德說的有幾點是很好的。在獲利之後卻不能落袋為安是個大問題，這使我們對於是否擁有規則三，以及規則三的好處究竟是什麼產生了疑問。我知道有一個非常有名的交易系統，這個系統幾十年來從未用到過規則三，直到有一天他們發現，必須有一種方法用來保住他們能得到的紙上利潤的一半，於是，規則三才改變了他們的實際獲利情況。

也許我們需要完全獨立於規則一和規則二之外的規則三，這樣我們才能保住更多的利潤。你可以感覺到交易員們現在對於是否使用規則三還是不確定。讓我們再聽聽他們的意見吧。

亞瑟：好吧。我想這些討論都是很好的改善套現技巧的內容。看到你的笑容我就知道你還有更多的點子。我還知道你已經有了現成的答案。它一直就在你的電腦程式裏。你曾經說過，規則一和規則二改變了你對交易的看法和交易行為。你現在為什麼又提出規則三呢？

幽靈：規則三對我來說已經不是一個書面的規則，而是這麼多年以來已經形成的類似第二天性的習慣了。你知道，我一直對「市

場總是正確的」這個說法非常不贊同，這是根據我的經驗得出的結論。我用這個推論來保護我的資金少受損失，在不活躍的市場裏清除新的倉位。

同時我要特別說明，規則三不僅僅是我的規則，它還屬於那些相信有規則三存在，並運用它交易的朋友們。幾乎每一個知道規則一和規則二的交易員，都能感覺到規則三的存在，他們真的比我要敏銳得多。儘管我只是把規則三作為經驗來使用，但事實上它確實是一個規則，因為交易員們認為在套現的時候可以把它作為規則來使用。我們交易的核心，是儘量減少損失，實現利潤。在正確地運用規則一和規則二的前提下，還要能在正確的時間套現。

儘管當倉位還沒有被證明是正確的時候，規則一確實可以預防損失的發生，但是，我們還是需要規則三來告訴我們，什麼是交易中最有價值的東西。規則告訴我們什麼時候必須對市場的活躍性產生疑問，也提示了指標在我們交易計劃中的地位。因此我覺得，在原來的交易計劃中加上一個規則會更好一些，它可以告訴我們在不流動的市場裏我們的交易標準是什麼，以免損失太多的金錢。

在成交量極端放大的交易日出現之後，進行套現的時間點是明擺著的。儘管在大多數情況下市場經常還會有些反彈，但是我們清倉的動作必須十分乾淨利落。在空倉後，我們一旦從交易計劃中得到信號，就可以馬上介入另一個品種。即使我們可能會因為退場太早而丟失了部分反彈機會，但從長期來看我們還是得大於失的，因為本來我們也是準備進行長期的交易。

亞瑟：我們還需要對規則三進行一些鋪墊性的描述嗎？

幽靈：不用。我們現在就把規則三的內容告訴大家。

規則三解密

規則三：

我們不應該人云亦云，我們應該假設市場不總是正確的，尤其當市場的活躍性很差的時候。此時，我們應該對所有信號都心存懷疑，同時等待進一步的信號。

我們應該充分重視市場活躍性差的負面作用，在市場極度活躍、三天內成交量極高的狀態下，清除我們已有的倉位——在出現極高成交量交易日的次日，我們應立即清除我們的一半倉位，之後兩天內再清除掉另外一半。此後，我們應該等待進一步的信號，來為下次可能的建倉作準備。

規則三的第一部分指的是，在成交稀少或是死水一潭的市場裏，我們應該對所有交易計劃中出現的信號都表示懷疑，同時等待進一步的信號來澄清真相。在活躍度太差的情況下，一般的市場指標不再會是有效的建倉指標。由於大多數信號都是價格指標，規則三允許你對這些信號產生懷疑，這是一種例外情況，這一點是十分重要的。雖然也有些交易程序是比較完善的，但絕大多數程式在設計中都沒能利用成交量、未平倉合約、移動平均指標等產生交易信號。

在這裏我不是想對各種交易系統都表示懷疑，我只是想用規則三來說明，我們必須在自己的交易計劃裏預先設置好市場不活躍狀態下的對策，從而保護自己的權益。

　　規則三的第二部分，為我們確定了套現或是清倉的標準，讓我們知道什麼時候套現最好。儘管套現可能會使我們錯過一些後續的機會，但是，我們可以在成交量畸高的交易日等待進一步的信號。在這種交易日之後，新的信號會很快演變而出，我們希望能夠依靠這些額外的信號指引，不會錯誤地建倉，並能夠從中獲利。

　　不要忘記，真正出色的交易計劃，應該是基於市場的具體情況，能夠持續地給你提供操作信號。高成交量可能是進一步回落的前奏曲，知道了這一點，我們就可以利用市場的高度活躍性為我們服務。高成交量交易日經常是在牛市的恢復期出現，這期間隨時可能會出現一個重大事件，導致極端成交量出現，這種成交量異常的情況通常會持續幾天時間，規則三同樣可以讓我們利用這種狀況為我們服務。

　　前面我們說過，在極端成交量出現後的兩天內，我們應該清除餘下的所有倉位。但是，很重要的是我們經常會很快地採取行動，不必一定要再拖兩天。

　　規則三是一個很好的規則，它強調了長期交易而不是短期交易的重要性。

流動性對交易的重要性

亞瑟：許多專家對你的規則三有所爭議，因為規則三和他們的專業交易程式衝突。

幽靈：交易經驗告訴我，在看到周圍每一個人都背上了降落傘包的時候，要仔細地檢查自己傘包的安全性再跳傘。別逗留在那裏四處閑看誰沒有系安全帶，你要比自己的對手提前起跑，這樣你才可能跑在市場前面。

那些交易專家一樣會為他們自己的房子、汽車和健康買保險。同樣，他們在重要的時刻也會有一個保護自己倉位的計劃。規則三隻不過是在一個已經很好的交易計劃裏再加上一道安全閥。

在市場成交量高或低得離譜的時候，交易員尤其要警惕沾沾自喜的情緒。在市場成交量極端化的時候清倉，你會有什麼損失嗎？在你重新進入市場之前，為什麼不讓你的交易計劃再給你提供一個信號呢？

亞瑟：在市場活躍過頭的情況下，大多數交易員的想法都是一樣的嗎？

幽靈：當我們在電梯的一層（底部），或者是接近頂層（頂部）時，很少有交易員會看樓層的指示燈，他們只是自然地等著出電梯，而且不會等太久時間。活躍性就是這樣給我們關於樓層的資訊，我們由此可以知道自己在幾樓。

我知道等待對人們意味著什麼。有時交易員剛弄明白自己的大豆倉位太多的時候，一切已經來不及了，他們被通知自己已經爆倉出局。我舉個例子：有一次我剛剛建好一個多倉，在短短幾秒的時

間內，市場上突然就出現了遍地賣家。那天我在十秒鐘內損失了一大筆資金，然後我就立即清倉了。這天的交易量非常大，市場很快就到了跌停板。這種情況下，市場給我們的時間太短了，當我們醒過神來的時候，已經太晚了。許多情況提醒我們，某個特定的價格出現的時候，市場確實會有突然的變化。

當腦海中出現疑問的時候，我們都可能會想到清倉。我記得有一首詩可以很好地表達我的意思。而且不僅是對於現在，對於將來也是有意義的——

如果能及時出局，
你當然不會再加大你的損失了。
我們時常需要及時地全身而退。

亞瑟：看起來，規則三不僅僅可以防停損失，它還可以防止我們把已經賺到的利潤流失掉。一般情況下，你是用多長時間框架內的成交量來判斷市場活躍性的？

幽靈：大多數情況下，我們可以結合成交量來觀察市場的活躍性，看看它處於正常還是反常狀況。在極端情況下，我是運用每日平均成交量作為衡量活躍性的參考。

交易員在成交量過高或過低的情況下觀察活躍性。規則三在使用的過程中會逐漸變成他們的第二天性。他們對成交稀少的市場會看得更透徹，知道在這些情況下該做什麼，不該做什麼，這就是規

則三的奧妙之處。

　　亞瑟：當你知道一些品種的公開報告的時候，你通常會對你的倉位採取什麼行動？

　　幽靈：從我的經驗來看，如果你在看到公開報告後還犯下方向錯誤的話，你將付出慘重的代價。通常在這種報告公佈之後，我要考慮的就是減倉，除非我的倉位因報告的內容而體現出明顯優勢。大多數的交易員都應該清倉，這樣可能會使他們的交易生涯更長一些。

　　這裏還有一位交易員諮詢我關於糖的倉位問題。我的建議是，先看看前四天市場交易情況是怎麼樣的。輿論認為糖價會跌，但這幾天它的合約價格卻在走高。有了規則一、規則二和規則三的幫助，我們可以使所有的交易員對這類的問題具備自己的長遠目光。

　　行為習慣的改變，必須與規則相協調。許多人不得不面對自己的自然天性與行為習慣改變之間相衝突的情況。行為習慣的改變是必需的，你是唯一可以改變自己的人。你的交易生涯就基於這一點，不要對它漠然處之。不進行改變的結果，只能讓你陷入失敗之路中的困難處境。

　　每天必須做的事是反覆操練，直到你可以把交易做得很完美。行為習慣的改變需要你去積極執行，而交易卻常常不是令人樂觀的。受些小損失要比爆倉出局好得多，在我們教給你的簡單規則中找到這樣積極的一面吧。你需要自己決定用這些指導性的規則去做什麼，怎麼做。

交易不是我們生活的全部。儘早知道在交易中你的幻想與實際的差距有多大，並且在現實中切實改變這種幻想，你就能在交易中應付自如。

祝你在交易中有好運！我會一直關注你們的交易征程，伴隨你們的每一步成長。

Chapter 16

應對意外：
交易與飛機失事的感悟

交易失敗和的意外墜機有關係嗎？

如果做好足夠的準備應對交易中的意外，

就如同故障飛機有足夠的高度來排除困難。

午夜時分，鈴聲打破了寂靜。我迷迷糊糊地起床拿起電話，當時我並不知道這個電話有多麼重要，電話那邊傳來了一個熟悉的聲音：「我相信《約翰‧丹佛傳》很快就會成為今年最重要的傳記書之一。亞瑟，我剛剛一直在想著約翰去世這件事。他曾經面對過上百萬人，包括你和我。我總覺得，從某些角度上來看，可以由那次飛機失事聯想到自己在交易上的一些問題。」幽靈說。

「你大半夜打電話就是要告訴我這個想法嗎？」我問道。

期貨交易與生死存亡

幽靈解釋道：「我知道我們交易員和丹佛的事故也有一定的聯繫。雖然丹佛並不認識我們中的每一個人，而我們中有些人甚至不知道他是誰，但這對我很重要，也許比對其他人更重要一些，因為我總是把選擇正確的時機作為我交易生涯中的好朋友。」

「交易員在他們的交易生涯中，總要面對丹佛在他的最後一次飛行中不得不面對的情形，」幽靈說，「我不希望交易員在交易時遇到同樣的窘境，所以我必須讓他們明白交易中很重要的一點：在他們的職業生涯中，總會面對一些不能預料的事情，如果他們事先沒有做好準備，那麼結果是他們可能會出大問題。」

幽靈繼續向我解釋著這件事。如果你在凌晨兩點接到電話，毫無疑問，那一定是朋友打來的。我知道幽靈是位一向很有時間觀念的人，當我聽電話時，我立刻明白，幽靈打來的電話不僅僅是給我

的，也是給幽靈的交易員朋友們的。

「亞瑟，我請求你一定要把三次飛機失事的事情寫下來！一次是丹佛的，就是這次；最近一次是你弟弟給你的那篇文章裏說的那次（大約在１９９７年１２月的那次），還有一次是我自己遇到過的一次。雖然我不瞭解飛機失事的技術問題，但是這和生命相關，和交易也有關係。必須警告我們的交易員，要為任何可能性做好準備，這很重要。」

「對於丹佛和我遭遇的事故，我曾仔細地尋找答案，但是一直沒有結果，直到我得知最近發生的一次事故——就是在機艙一氧化碳洩漏後仍然安全著陸的那位醫生時，我才意識到事故和交易之間的相似性。」幽靈接著說，「這和交易真的有很多相似點，亞瑟！當你寫到上帝的法則時，你並不明白為什麼這對我來說是件困難的事情。我在自己遭遇的飛機事故中面臨了和丹佛一樣的問題，我倖免遇難，是因為我處在足夠的高度，有時間來挽回局勢和做出正確的決定。很可惜，丹佛沒有足夠的高度來贏取時間作出決定。而那個醫生則乾脆別無選擇，他當時的特殊情況甚至使他根本就沒有機會作決定。」

「三次類似的事故，結果卻不盡相同。醫生在那次事故中吸入了機艙中的一氧化碳而昏迷不醒，他根本沒有選擇的機會，但是他仍然活了下來。丹佛看起來是由於汽油閥門損壞的緣故而失去生命。我所乘坐的飛機發動機失靈了，但由於當時所處的海拔高度，讓我們有足夠的時間修復閥門，從而使飛機著陸。我們有時間決定

在何處著陸，但是丹佛卻沒有這樣的時間。至於醫生，他的飛機自動著陸了，他最後也活了下來。這三個事故都是同一性質的事故，但是具體情況又各不相同。」

「你理解我說的意思了嗎？」幽靈說到，「交易也是一樣的道理。」

我記得一個月前，曾在期貨論壇上看到過幽靈寫給蘭迪的關於汽油閥門的回信，當時並沒有多想，直到幽靈今天再次提起，我才恍然大悟。我開始明白幽靈關於這三起事故的論述了。市場不會經常給你留有足夠的高度去挽回局面，但有時在市場對你不利時，你還是能夠有足夠的高度去做一個好的著陸選擇。也有少數時候，你不能選擇在哪裡著陸、如何著陸，因為事態根本就無法控制。所以，幽靈的這個凌晨兩點的電話打得真是意義重大。

幽靈從不贊成論資排輩，也從不認為自己一定比別人優秀。他一直是一個彬彬有禮的紳士，堪稱楷模。他希望通過自己的努力能夠幫助交易員們，避免他們遭受失敗的無情打擊。

我們將把關於這三起飛機事故的觀點寫下來，大家有任何疑問盡都可以提出來。

幽靈以前很少提起自己的那次事故，但是這件事一直困擾著他。丹佛面臨的事故讓丹佛別無選擇，而醫生面臨的事故並非邏輯可以解釋，他本來沒有機會活下去，可是他竟然熬了過來。幽靈對這幾起事故作了認真的研究，最後得出了一些結論。幽靈本來就在他的交易生涯中一直運用自己的智慧，事實證明他總是對的。現在

又有什麼理由不相信他的判斷呢？

　　生活中的許多事情都和交易有聯繫。那麼交易和生死存亡也有聯繫嗎？

　　「好吧，幽靈，」我說，「我們可以開始寫這一章了，不過從哪裡開始呢？」

　　幽靈說他會把自己的想法在電腦上打出來，然後由我加以整理潤色。我同意了，然後就回床休息了。

　　你們也猜得出來，幽靈一晚上沒睡，熬了個通宵。我想那是因為一旦你有一個想法，就很想讓它暢快淋漓地表達出來。這一點也是幽靈教給我的。

　　幽靈覺得三起事故非常明顯和交易中的不可控事件有極為相似之處。

　　三起事故分別是約翰・丹佛、醫生和幽靈的事故。醫生的飛機汽油耗盡後，自己在密蘇裏州著陸，此時的醫生已經失去了意識。幽靈經歷的那次事故有所不同，當飛機的發動機失靈時，飛機的高度在５５００英尺之上。

　　在丹佛的事故中，有兩點讓幽靈很是無法理解。一是在飛機起飛前，丹佛曾經借了一對老虎鉗子去擰汽油選擇閥，閥門沒在他右手下面能正常用力的位置上，而在他左肩的左後上方。所以他不得不用右手很費力地去擰閥門。

　　最討厭的另外一點是，當情況出現時，飛機離地面只有５００英尺。在這麼短的時間中根本就來不及反應，儘管對突發事件迅速

做出反應是人的第二天性，但是，丹佛實在是沒什麼時間讓自己採取行動。

在醫生的事故中，由於排氣系統發生故障，一氧化碳進入機艙，把醫生熏倒了，飛機轉入自動導航系統。儘管飛機耗盡了燃料，但是令人驚奇的是它竟然能自動安全著陸，而此時飛行員仍昏迷不醒。

醫生最後只失去了一隻胳膊，如果飛機上的燃料足夠，飛機再飛半個小時，那麼醫生血液裏的一氧化碳濃度會高出很多，他也就不會活到今天；如果當時的地形稍微有所不同，飛機將會粉身碎骨，而不是安全著陸。

第三起事故是幽靈自己遭遇過的，他以前從不願多談這件事。在大約５５００英尺高度，飛機的引擎熄火了，情況十分緊急，需要立刻做出決定在哪裡著陸。幸運的是，足夠的高度使幽靈有充分的時間做出決定。

三起事件中有兩起中的當事人倖免遇難，也就是說兩架飛機沒有人員傷亡而安全著陸。其中兩起事故的當事人可以控制著陸，儘管其中一個飛行員不省人事，但仍活下來了。在另一起飛機失事中，丹佛在號稱最安全的飛機裏丟掉了性命，因為當時飛機飛行的高度太低，留給他採取措施的時間太短了。

所有的事故都是無法預料的，三起事故結果各有不同，因為當時的具體情況不同。幽靈希望就此事做一下討論，他覺得這和交易有一定關係。

　　幽靈從自己那次事故中一直沒有發現什麼學習的價值。他覺得，許多人在討論一起事故中的當事人的時候，總是想著應該歸咎於誰，而不是思考從中發現什麼有價值的東西，這也是新聞媒體對待丹佛的方式。我理解幽靈的看法，確實許多人經常是只顧著指責當事人，從來不想去找到事故發生的原因。

　　幽靈一直想探究他那次飛機出事的原因，他找到了，找到了生活或交易中發生不可控制事件的原因。幽靈把三起飛機事故和交易中的不可控因素聯繫起來，他的解釋如下：

　　在我們的生活和交易中，我們總是或多或少地要面對自己無能為力或是幾乎無法改變的突發事件，我們必須為這種事件做好計劃和準備。飛行員學習飛行的時候，他們總要學到緊急著陸的課程，在交易中，我們也要練習同樣的事情。

　　儘管相似的情形可能會重複出現許多次，但不同的情況結果也完全不同。當然，我們希望有最好的結果，但這不是我們能控制得了的。交易中的第一種情形是，當飛機起飛的時候，其所處高度對你不是很有利，在交易中就意味著還沒有事實證明你的倉位是正確的。這時的一個突發事件，可能會使你的交易出現極為糟糕的結果。你只能在缺乏高度的基礎上盡可能著陸。

　　第二種情況是倉位被證明是正確的，這和飛機在一個相對高一些的高度是相似的道理。如果未曾預料到的事件發生，你就可以更從容地進行選擇，做出一個更好的決定，選擇一個更好的著陸點。在這種情況下，你完全可以控制局面，以免交易變成一場災難，你

能在一片空曠地帶安全著陸。

第三種情況是，你處在一個十分有利的高度，同時又有自動導航系統相助。你的倉位沒有問題。突然，你的交易失去了控制！幾個小事件就可以導致這種情況發生：你的電話線斷了；交通堵塞把你困在路上，你無法和你的經紀人取得聯繫；出現一個重大新聞，市場被漲跌停板鎖定，你甚至不能及時下單；報價機出了問題，等等。

以上所有這些情況，和你在飛往目的地的飛機上一氧化碳中毒昏迷是一樣的，你不能改變什麼，因為事態不受你的控制。

有著最佳「高度」的交易，可以讓你獲得很好的機會，從一個突發的糟糕事件中恢復過來。許多交易員希望他們的交易本身告訴自己應該怎麼做，但是，當他們不能從交易中獲得自己希望出現的資訊時，他們就什麼都不做。他們等著市場把他們清除出場，證明他們是錯的，而這種情況當真出現時的場景，比許多交易員能想像到的要糟得多。

如同醫生的飛機自己會著陸一樣，你也會有這麼幸運的時候。畢竟，丟掉一隻胳膊比一命嗚呼要好得多了。當交易員在市場上又拿回了相當於自己損失的一半的利潤時，他們就會感到十分高興。此時，就像你昏迷後你的飛機啟動了自動導航系統。

幽靈認為，最關鍵的時刻是你建倉之後的那一刻，這時你必須對消息保持高度的敏感。在建倉的時候可以無牽無掛，因為知道自己有停損點的保護，這樣的交易員有多少呢？當失業報告公佈的時

候，市場從你的停損點還往下做了一個大幅跳水，情況又會怎麼樣呢？聽從幽靈的建議吧！這種事情的確會發生。不要讓未經證明的倉位讓你摔一個大跟頭。

幽靈不明白，為什麼理解一次壞的交易可能變得更糟，對於交易員來說會這麼困難。無法預料到的事情發生，就會使交易變得更糟。

幽靈希望你們能理解丹佛的事故和去世給他帶來的沮喪心情，他希望你們一生平安。你能從上面的三起事故聯想到交易嗎？把你的想法寫下來吧。幽靈希望他的交易員朋友們在任何時候都能為任何可能性提前做好準備。

Chapter 17

交易計劃：
規則運用的鋪墊

沒有一個交易計劃，

再好的規則也無從施展。

怎樣給自己制定完善的交易計劃？

幽靈沒忘記這個重要的環節。

　　幽靈決定，把在《期貨雜誌》論壇發表的內容作為《幽靈的禮物》的一部分，然後結束這本書的寫作，至此他已完成了他的回饋計劃中的第一步。

　　事實證明幽靈的這個計劃十分成功，其迴響之熱烈超出了幽靈的預料。甚至有不少交易員希望不要停止在論壇的討論，讓幽靈和參與者的對話長期持續下去。但是幽靈覺得，應該先稍事休息，看看自己努力的結果是什麼樣，再繼續進行下一步。

　　交易是辛苦異常的事，每一個交易日都必須以全部身心凝神研究。儘管幽靈還要操作自己的諸多專案，但是，什麼都比不上這樣的業績帶給他的成就感——小交易員在幽靈的指導下，成功地擊敗了強勁的對手。

　　交易之路層巒疊嶂，險象環生。 對於一個交易員來說，如何能夠長時間立於不敗之地，是頭等大事。但是，如果缺少了一些必要的因素，例如——交易計劃，交易是根本無法順利進行的。

　　市場上會有許許多多不同的交易計劃和交易系統。一位交易員認為行之有效的交易系統，卻不一定適合另一位交易員，因為他們的建倉位置和清倉位置各不相同。所以每一個交易系統也都可能是一個非常好的方法。按照幽靈的規則，更可以說是交易員們運用了同一個系統。這就是幽靈希望通過闡述他的交易規則，從而向大家說明的。對於小交易員來說，為了縮小與成功交易員之間的差距，以及提高自己的威信，根據規則伺機而動，比跟在那些擁有大資金的交易員後面亦步亦趨要好得多。

只有在保證公平競爭的前提下，小交易員才能夠生存，而這一點在交易過程中是至關重要的。要做到這些，只能夠通過運用技巧來達到，同時還要求交易員深刻領悟規則的精髓，並對自己有一個十分正確的瞭解。如果交易員不把自己的切身體會和規則進行有機結合，就不能很好地運用法則，這就像讓一個意志力薄弱的人想在馬拉松比賽中勝出一樣困難。這和職業棒球有異曲同工之處。如果沒有擊中球，你就得竭盡全力跑向球場的外野區。因為你知道，只要你能阻止你的對手（即市場）比你的分數高，那你就還有機會。

　　你必須運用你的直覺，同時還需要大量的實踐操作，才能逐漸磨練出你的反應能力。只知道規則是遠遠不夠的，沒有人能夠提醒優秀的交易員如何去交易，因為你需要自己去遵循正確的規則進行正確的思考。同樣的道理，如果事實沒有證明你所持的倉位是正確的，就要及早清倉。

　　當我們感到自己對於市場的行為和反應都在掌握之中了，就可以開始我們的交易計劃。只要我們為各種可能的結果都提前做好了準備，並能夠根據不同的情況調整我們的行為，我們就可以開始遵循一個有效的交易系統了。

　　除了關鍵的開始規則外，還有一個重要的步驟。幽靈將在下面論述他這麼多年在交易過程中的一些心得，例如怎樣尋找一個建倉位，如何提高建倉的起始優勢。所有的交易員都認為存在一個最好的交易系統，但即使是最好的系統，也有失靈的時候，這就是為什麼我們需要幽靈的規則。一個糟糕的系統儘管偶爾也會有發揮作用

的時候，但大多數情況下可以讓一次出色的交易變得很糟——許多交易系統都有自己的缺點。

在許多交易系統的設計中，都引用大量歷史資料進行回溯測試，在進行保證金交易時，都假設使用者有足夠的資金來繼續交易。運用歷史資料回溯測試作為建立交易系統的標準是很困難的，幽靈曾經仔細研究過這些交易系統，對此他也有自己的見解。

交易員常常被自己的情感所左右，從而看不到全局，這是使系統失靈的主要原因。究竟哪一種交易系統最好呢？其他的著作要用大量的篇幅才能說明白，幽靈則用深入淺出的語言闡述了他的智慧。只要你一直在連續閱讀這本書的內容，幽靈所說的話就能夠激發你自己的思考，從而讓你的理解力提高，這才是最重要的。被市場從你和你的家庭奪走金錢，是很讓人沮喪的一件事情。你對市場研究得越多，你就能更好地運用那些規則，從而避免這種沮喪。

休息一下，喝一點自己喜歡的飲料，拿出你的筆記本，準備做筆記。你要根據自己的目標做出自己的交易計劃，幽靈要提供一些很好的建議。

你的交易計劃給你建倉信號，幽靈的規則可以讓你及時變現，並在市場下跌時保護你的資金。在交易中，你必須成為最瞭解你自己的行為專家。你的行為動機必須很明確，就是不能讓你的賬戶上出現大比例的損失——不只今天是這樣，而是每天都要如此。你必須把這種大損失看成是與個人的不良習慣一樣，避免這種情況出現在你的賬目表上。因為幽靈會看到你的賬目表，如果他發現了這種

情況，你就必須向他作出解釋。當他看著你的時候，你一定會感到領口發緊，臉面發燙，這一天都會心裏不痛快。幽靈希望你在交易中有更大的收獲，而你必須警惕當自己的倉位處於不利狀態時的每一分鐘。

你能在交易中獲得豐厚收益嗎？只有當你每次只損失少量的資金，並且從不讓變幻無常的市場牽著你的鼻子走時，你才能做到這一點。這是你需要回答的問題，幽靈不會替你回答，你只有證明給你自己看，讓你的實際表現為你說話，不超過六個星期，你就會知道這一點了。

你可以實現你的願望，但這不是因為你在交易中賺了多少錢，而是因為你的損失很少。我們知道有許多十分成功的交易員，對他們來說賺錢實在是小事一樁。但是，他們所不明白的是，儘管賺錢並不難，但保住這些錢可絕非易事。只有一種方法，可以長期保有這麼多金錢。

好的，如果賺錢並不難，那麼為什麼你們不明白賺錢之前一定要以最小的代價避免本錢損失呢？即使是我見過的一個最大的輸家，他在交易場中也有幾個月成績是相當傲人的。必須重視只能小虧的重要性，切記。

具獨特優勢的交易計畫

亞瑟：幽靈，我將把你所講的都寫入我們的書中，如果有不準

確的地方你可以進行核對。雖然我對自己的交易生涯十分熟悉，但是對於你，我並不瞭解你的每一件事情。所以討論問題和把這些思想見解訴諸筆端，是完全不同的兩回事。

我現在更願意以一個讀者的身份，而不是以作者的身份來記述，你覺得這樣寫出來的東西，是不是會讓讀者更容易理解一些？

幽靈：你說得沒錯，亞瑟！我可以很詳細地告訴大家，如何制定一個好的交易計劃，然後你把它們記錄下來。

亞瑟：好吧，那我們開始吧。

幽靈：在每一個交易計劃中，都應該充分設計進你自己的獨特優勢，你的優勢完全可以決定你的交易事業的成敗。在交易圈裏，如果有足夠的優勢，就能生存更長的時間。我的規則並不是交易計劃，你必須同時準備好一個交易計劃，才能讓規則發揮作用。對我來說，規則是最為重要的優勢，它給了我信心，讓我知道我有能力並且一定能夠在交易中生存下去。保證自己的生存，是任何一個交易計劃的靈魂所在。如果我知道我能夠生存，那麼設計交易計劃就會更容易一些。

儘管我的計劃看起來比其他人的要超前，但是市場的趨勢只有三種。你一定會問我：第三種趨勢是什麼？相信我，用不了幾天，市場就總會出現場外交易員從未想到過的情況。我沒有把市場的第三種變化在期貨論壇中公佈，是因為我不想讓新手在這一點上陷入迷惑。我會詳細地對此進行說明。

一個好的交易計劃，必須把可能的第三種市場走向考慮進去。

那麼這第三種走向會是異乎尋常的嗎？完全不是。第三種走向，就是我們在自己的交易計劃中希望獲得的優勢。隨著趨勢發展而突破了支撐位或阻力位的市場，最終會為你的成功助一臂之力。交易計劃中最強烈的信號，就是當市場明顯在沿著趨勢運動時，並沒出現跟風者大量建倉的局面。有幾支基金就是充分利用了他們交易計劃中的這個信號，才斬獲頗豐。當然，他們還有其他的一些標準。

作為趨勢跟隨者，你要有及早先行一步的意識。如果你只是隨大流，而不是在阻力點和支撐點前行動，那麼你將損失慘重。市場不是靜止不動的，你必須明白這一點。你不僅僅要平倉獲利，還要在你的交易計劃中為這種情況制定自己的標準。

在你的交易計劃中有兩種情況可能給你帶來優勢。第一是市場突變，第二是市場變動的第三種走向。市場突變是發生在當沖交易中，不過它卻很少能讓人及時建倉獲益，因為當突變發生時，市場已經轉向了。

人們很少能夠調整自己的倉位，是因為他們不能在正確的位置清倉。你必須善用已經得到的知識，避免在同一種情況下屢被套牢。

在建倉的時候，不管市場看起來有多麼牛氣沖天或者熊氣逼人，每天都會有一個好的位置讓你清倉，但在大多數情況下你卻很可能無法找到那個位置。你會發現，它很少如你所期望的那樣出現在趨勢之中，而這就是為什麼你必須每天都有一個清倉的計劃。

那麼我們怎樣制定這個交易計劃呢？如果你用的是點線圖，你會經常看到４５度的支撐線和阻力線。經過幾次嘗試後，某一個

反轉日會向下突破這條線。在這個位置上你應該出手停損，因為和你一樣想法的人很多，接著有許多委託單進場。當價格下跌時，又會有更多的委託單要求清倉。

在行情第一次突破這條線時，你不能呆著不動。即使趨勢很有可能會反轉，你也最好是先進行停損，然後在反轉的時候補倉，這樣才是比較穩健的做法。

一些趨勢性的變化，總是發生在突破一個長期穩定趨勢中的支撐點和阻力點之後。把這些標準納入到你的交易程式之中，即使你只是運用這個標準交易，它也將是你的程式中最成功的因素。

這就是市場可能變化的第三種方式。市場必定是沿著趨勢的方向運動，然後突破支撐位或阻力位。這和市場突變不同，因為突變一般是由於出現了影響市場的消息而導致行情反轉造成的。有時，突變也可能是這樣形成：當輿論朝一邊倒，而市場中沒有更多的交易員用倉位來回應輿論的方向，於是市場反而會很快轉到另外一個方向。

不論何時，你都必須把市場突變納入到你的交易計劃中。經過我這些年來的研究，除了某一個特別的市場外，一般的市場突變，總是與開市時的行情方向完全相反（不過，你得靠自己才能找出這個特別的市場在哪裡）。你可以通過交易多個品種，擴展交易範圍，從而制定不同的交易計劃。如果你交易五種不同的期貨，然後發現了只有其中一種可能形成市場突變，你就會擁有自己的優勢。

在市場突變這個問題上，我不想給你們任何誤導。如果市場開盤時高開，收市時價位也比昨天高，但是比開市時低，這就是我所

說的市場突變。與此類似，開盤低開，而收盤價比開盤要高，也是同樣的。好好研究開盤和收盤的價格，但是不用考慮收盤時是高還是低，只需考慮開盤就可以了。

市場突變讓你可以賺到大錢。這是因為高手們不僅總是在絕大多數人之前清倉，而且在其他的交易員開始停損清倉的時候，就已經轉到反向了。

你應該自己製作一個資料線圖，在把它放進你的交易程式之前，仔細研究它。

首先，市場有開盤價，之後相對開盤價還有收盤價。你的研究應該輸入這資料。那麼，在過去的六個月都發生了什麼？在明顯趨勢中你發現了什麼，趨勢不明朗時又發現了什麼？在你的交易程式中，要把這些資訊進行量化，或者用線圖方式來表示。

你會看到，開盤價對收盤價有很大影響，因為市場開盤時有它特定的市場背景。場外交易員從新聞報導中瞭解了市場信息，所以他們覺得這些資訊有一定的可信性。有些交易員大多數時間裏只知道開盤價、最高價、最低價或是收盤價。

大多數情況下，開盤價都不會那麼讓人興奮。從開盤和昨收盤的差價中，我們時常可以預見收盤時的方向。學會運用技術手段來研究它們，然後把結果用在你的交易程式中。

在一個市場突變的開盤局面中，如果你已經做出了錯誤的決定，而沒能保護你的倉位，那麼你很難挽回局面。如果你碰巧在市場突變的開盤價上獲了利，那麼你應該暗自慶幸。但你還是要研究

自己的交易程式，如果你的程式要求你在高價開盤後就立即清倉，那麼即使你碰上了市場突變的情況，也要照例清倉。當行情走勢符合你的交易程式標準時，再返回市場進行交易。

　　通常來說，如果在開盤區間出現高開，情況對你會比較有利。尤其對那些專業的交易員來說，當新的委託單不斷地湧入市場，都順著相同的走勢推波助瀾的時候，高開就預示著繼續跟進是比較明智的選擇。你必須在你的交易計劃中考慮到這一點，同時，在開盤時，如果出現了跳空缺口，你也要謹慎對待。市場將會出現多空激烈對峙的情形，因為總是有許多交易員要套現。充分利用這一點，在這種情況下，這些套現會對你有利。

　　我們當然要研究昨收盤價與今開盤價之間的差價，因為它就是你在開盤時判斷的指標， 並且可以在瞬間改變絕大多數的交易計劃。每天都利用你所收集的有關差價的資訊來實施你的交易計劃，是一個行之有效的方法。

　　回到我們前面說的市場變化的第三種方式，它並不是許多人認為的行情走在谷峰或者谷底。第三種方式，是你從已經存在的趨勢中看出的市場走向。這種走向缺乏連貫性，而且可能會在趨勢的某一點反轉過來，通常發生在支撐點或阻力點被衝擊和突破後。所以，每天你都要對支撐點和阻力點做到心中有數。

　　趨勢的第三種走向，通常會是市場中最強有力的走勢。如果你錯過了一波明顯的趨勢，你可以利用第三種走向，讓自己脫離現在的趨勢。不要等到支撐位或阻力位被觸及後，才開始進行交易。

絕大多數交易系統除了預測建倉位和清倉位外，不提供其他標準，因此必須進一步建立你的交易計劃。雖然你對自己的交易系統很有信心，但除此之外必須有一個完整的交易計劃。

　　雖然有一個完整的交易計劃的交易系統並不常見，但還是存在的。我認為在選擇交易系統時，最好是在交易系統之外有一個交易計劃。這主要是因為，有時你的系統可能導致一段時期內進行的交易都不成功，此時你需要過濾掉那些失敗的交易，用我的規則來保護自己的利益。

　　許多交易系統的發明者都會勸你，必須時時刻刻應用這個系統。可是如果發生了無法預料的事件，以至於把一個有序的市場變成一片混亂，這時又該怎麼辦呢？這就是我要求在一個交易系統之外，還要再加上一個交易計劃的原因所在。

　　總而言之，生存法則主導一切。

　　所以我們經常說，最好的交易系統，就是可以讓你在整個交易日中能夠進行最靈活行動的系統。同時，生存法則比交易系統本身重要得多。但是，如果沒有交易系統，你仍將沒有機會去建立可靠的倉位。

　　生存法則也可以叫做資金管理。你只有進行長線交易才有可能成功，注意長線交易和長期交易不同。長線交易可以讓你有機會在現在或是將來都處於有利的走勢中，但如果你的目標只是為了在今天一天內成功交易，那你還不如去買樂透。

　　不論你選擇哪一個交易系統，其缺陷都是不可避免的。你應

該選擇一個可以時常檢驗最近數據的交易系統，例如六個月左右。六個月的資料足以很好地反映出市場的狀況，如果系統能分析過去五十年的資料，卻不能分析最近六個月的資料的話，那是個沒用的交易系統。我希望有一個交易系統可以檢驗兩部分資料，其一是海量資料，其二是最近六個月的資料。

如果你自己來設計你的交易系統，對比一下長期資料和近六個月的資料，如果兩者有衝突，你就必須修正它，使其成為一個更好的信號反應器。如果你無法修正，就要同時使用這兩套資料，發現二者衝突時就捨棄你觀察的品種。這將是一個很好的交易指標的篩檢程式。更多情況下，你的不同指標之間會存在相互衝突，這時你最好捨棄觀察目標，因為當你所有的指標都趨同時，將會發現大行情。建議不要同時給自己設計太多的指標，你擁有的指標越多，路越寬，交易就越難做。你很有可能因此而持有倉位時間過長，因為你建倉的時間太遲了。

過多的指標可能導致你經常建倉太晚，或者是在不合適的時候建倉。絕大多數的系統並不會給你一個當天內的反轉信號，因為他們更傾向於逐日連續信號。你需要讓你的交易程式在趨勢反轉時，為你標記出第三種趨勢方向。

不要逞英雄，也不要使用一個不能讓你及時停損的糟糕系統。如果你選擇了這樣的系統，你會發現自己錯失了反轉信號，得到的只是反彈。這將會改變最終的結果，有時還會使你所選擇的特定的系統失效。這是你需要在選擇交易系統的同時還需要一個交易計劃

的另一個原因。

現在，我已經說明了關於交易計劃的大部分內容，但是還不完整。每一個不同的品種，都有自己特有的信號，例如季節性的趨勢、數量、未平倉合約以及其他因素，這些因素會由於你所訂立的不同期貨合約而呈現不同特點。

每一種期貨的信號大體上是相同的，只有細微的差別。記住，你只需要一個比較簡單明瞭的交易計劃。交易系統可以複雜一些，因為它可能包含一些移動平均指標或其他的指標。不要使用太多的滯後指標，我們談論的是將來，而不是過去。選擇那些領先的具有預見性的系統，因為交易瞬息萬變，變化莫測。

你想要什麼樣的信號？最重要的是，你要用自己的交易計劃來避免被市場牽著鼻子走。你的交易系統可能要求你，買強、賣弱或者開盤買入。但是，我不喜歡這樣的交易，你的交易計劃中應該有過濾信號的功能，有分析兩種可能性信號的能力，要保證你能夠跟蹤你的指標。

交易系統並不知道你建倉之後市場會有什麼變化，但是你的交易計劃知道，那就是你的優勢。這並不是馬後炮，而是在建倉的同時要搜集資訊。系統可能接二連三地給你信號，但這意味著在每一個信號出現時都是要加碼嗎？你的交易計劃必須對此做出建議。我比較喜歡三次加碼，但你還是得有自己的想法。

我希望以上內容會對你有所幫助。我們的思想無休無止，但是你需要把思想彙集整理，然後保證你的交易計劃相對簡單一些。

Chapter 18

交易執行：
妙手下單的要領

思索明白，

成竹在胸，

我們還缺少什麼？

動手下單時，

怎樣做到知行合一？

幽靈總是會熱切地希望回答交易員們的問題，但是，在涉及諸如怎樣下單或是定價這一類的問題時，幽靈總是十分謹慎。他認為自己有必要在這方面多做一些研究，因為對交易員來說，下單時需要面對的情況太複雜了。

在期貨雜誌論壇上，有一些問題幾個月以來重複出現，例如很多交易員為糟糕的交易執行而苦惱。幽靈知道，這其中的大多數原因，是因為交易員對於在不穩定行情下的市場運作有誤解，這種誤解緣於對這方面的知識比較貧乏。

絕大多數的交易員會把壞的執行歸咎於經紀人，這種想法會極大地阻礙交易員的成功。我們將列舉幾種可能的情形並加以說明，希望能夠對交易員有所幫助。

許多交易員對經紀人下單的有關情況並不做什麼研究，幽靈覺得這是犯了一個大錯誤。他經常把自己與經紀人的下單、執行以及委託交易報告往來情況加以記錄，以此來瞭解下單的整體情況，這樣他就會對一個委託交易單的優勢和劣勢做到心中有數。

在交易員入行時間不長時，記錄並跟蹤一個委託交易單是很重要的，它可以讓交易員明白何時下單最好。在交易執行中，根據時間的不同選擇下哪一種單——市價委託單或者限價委託單，其時間緊迫性和價格變化都是不一樣的。瞭解市場的變動，對於明確以不同委託方式下單的時機和方式是十分重要的。

在我們進入到具體的交易執行之前，我希望幽靈能先給我們一些大致的意見。他的智慧是從無數次的實踐中總結出來的。幽靈是我所知道的唯一一個在同一天經歷過漲停停損和跌停停損的人，那是在他剛入行不久的時候。他後來分析，那是因為他對於導致價格下挫的原因和交易執行的情況瞭解不足。

人們很少談論或是考慮影響委託交易單和確定價格的一些重要因素，幽靈認為，有許多錯誤的概念需要得到糾正。

・　・　・　・　・

亞瑟：你能把你在交易過程中對委託交易單和市場價格所積累的寶貴經驗和大家一起分享嗎？

幽靈：讓我們從普普通通的一個交易日的開盤、收盤以及中間的過程開始說起吧。不論你是如何下的單，你都會發現，市場在交易日中總有一些時間段的活躍性比其他時間段要突出，這就造成了每天有不同的波動範圍。

我記得早在１９７０年，我曾經連續觀察到，一位交易員在每一個新高出現時都會競買，於是我問他為什麼會這麼做。他回答說，一天之內可能有許多高點，但是，真正的高點只有一個。

如果你仔細想想他的回答，你會發現他所言不虛。每當你追高的時候，很有可能遲早會有新的高點出現。如果要用這種追高的方法來獲利，你必須是一個場內交易員，同時還要運用我所說的規則。但這裏有一個要點需要注意，即在高點和低點的時候活躍性低，我們在一天交易結束的時候回頭看看成交量就會發現這個事

實。當成交量稀少的時候，市場就容易被操縱，直到活躍性重新加大。一天之中會有許多新的高點和低點，而這些高點和低點並不會在收盤之前顯示出來。

人為操縱市場？沒這回事

我反駁了論壇上的一些網路留言，因為有些內容給讀者提供了錯誤的印象。比如，其中一個網路留言談到了場內交易員製造假突破（gunning for stops）的問題。場內交易員並不製造假突破，這只是他們通常的交易方法：利用別人的停損交易委託單來製造自己的買賣機會。舉例而言，當市場在高點和低點的時候，成交量稀少，這時你想建立相反的倉位，那麼作為一個場內交易員，你該怎麼做呢？你的方法就是推動股票價格，以使那些與你建立相反倉位的人觸及他們的停損價格。要知道，大眾通常傾向於把他們的停損位放在高點之上一點或低點之下一點。

我當然並不認為論壇上發表這個網路留言的朋友的看法是錯誤的，我只是覺得市場會時不時地在倉位這個問題上捉弄交易員一下。這種情況確實挺讓人費思量，我們得好好想一下，為什麼場內交易員要製造假突破——他們很擅長把損失降低到最小程度，然後緊隨大趨勢走。這就是場內交易員相對大眾投資者的優勢所在。

為了能夠糾正交易中的不良委託單，讓我們先來摸透市場的規律。每一天，市場作為一個系統，都在不斷地證明大多數人是錯誤

的，只有少數人做出了正確的判斷。停損可能會把他們踢出場外，交易員的這種想法是沒錯的，然後市場會調轉頭來，按照他們原先所設想的那樣停損清倉。由於可能發生這種情況，你需要相應調整你的交易計劃，尤其是在你打算建倉的時候。

我從不喜歡停損，但是在場外交易時可能會導致問題，因此需要做好準備來保護自己，不要使自己受市場大起大落的影響過深而導致交易失敗。在波動的市場中停損，並不能給你太多的保護。如果你瞭解了停損的原理以及為什麼它頻繁出現的原因，那麼你就能制定出一個更好的交易計劃。

一般情況下，我收到自己的信號的時間，通常都是當天交易的最後一個小時，我可以看到市場將出現一個新高的時候。如果信號讓我賣出，如果我的倉位正確，市場應該在收盤前一小時於新高位上維持一段時間，這就可以賣出。這不是讓我在停損時蒙受損失，而是因為這個新高通常是由壞的買單造成了停損單執行交易指令。要想證明減倉是正確的，市場必須證明前述造成新高的理由是正確的。

由於一些當沖交易員、場內交易員在低於現價的位置上建立了很多停損單，並且這些停損單要強制執行，使得當天快收盤前市場一路下滑至底部。這在交易中是很自然的事情，但是這卻並不經常被交易員們所認識，尤其是新手。

我個人認為停損的另一個大缺陷在於：停損使交易員們誤以為通過停損可以從相反的價格變動中得到保護。當市場處於流動狀態

時，停損單確實可以很好地發揮效用，但經常是當一個很重要的報告出來的時候——如每月的失業報告——債券市場和匯率市場就會有非常大的反彈。所以有的時候沒有明確的市場支撐位或阻力位。也有些時候市場不存在活躍性了，這就意味著在很短的時間內就會發生鉅額的損失，一直到停損單重新有機會執行。

請記住，不論價格什麼時候碰到了停損點，停損單都是一個市價盤（market order）。無論何時價格觸及停損所定的價位，委託單便會按當時市價執行。許多交易員會埋怨經紀人在預定的停損位上沒有及時執行停損單，但如果市場價格根本沒有跌到你的停損賣單的價位，他們又怎麼能夠幫你操作呢？如果經紀人手裏的每一個停損單的價位都一樣，並且沒有交易員提交反向的停損委託時，你又讓經紀人怎麼辦呢？每個人看到的都是同一個線圖，停損點往往都集中在同一個位置上。

在一個重要的報告出來之後，停損點對每一個人來說都成了可以隨意搾取利潤的免費午餐。如果我沒錯的話，我知道通常在市場反轉前，有三次可能的波動，使我可能損失掉已經得到的利潤。為什麼我不能在報告公佈後去競買最低價？如果市場在報告出來之後沒有大幅的下跌，我會一直在我的倉位上增加籌碼，直到我看到壞的賣盤的進入為止。壞的賣盤是指交易員設立的空頭停損單（譯註：stop selling，在公佈市場報告之後，如果市場的反應是大幅下跌，會使這些買空停損單執行交易），多頭停損單也是同理。

瞭解了停損的負面作用，你就可以制定一個更適合你的交易

計劃。規則一就是起這個作用。你的標準還必須包括停損清倉的內容。

另一個使你的委託單執行的時機是在開盤時。對於一些交易員來說，在開盤時，有些委託單執行得不是很好，有些報價器顯示的開盤價其實是昨天晚上的收盤價，而第二天的開盤價和前一晚的價格可能相去甚遠。

許多交易系統都會顯示前一天的收盤價，作為系統裏的資料用以確定倉位狀態，以此為根據鎖定開盤價，就可從價差中賺取相當不錯的利潤。如果你準備買入，那麼你可能會有一個很不錯的操作機會。但是，大委託單可能定出比你高的買入價格。在開盤的時候，如果這個委託單是市價執行委託單，經紀人的工作就是負責執行這些買單，他們沒有時間仔細挑選最便宜的價格，因為數量太多了。他們只能挑選他們接受的訂單。

市場的真實樣貌

假設你買了一台電腦，而且是以標價買下的，你為什麼不再推遲六個月，等電腦的價格繼續大幅下降的時候再買呢？答案很簡單：因為你現在就需要。這和交易同樣是一個道理。你的開盤市價委託單就需要你現在立即執行，而不是等價格下降或是上升時才執行。

只是因為開盤叫價比昨天收盤低 4 美分，你就可能下達一個開

盤買入指令。這意味著你會買到這一天的最低價嗎？不，你更可能會買到一天中的最高價，而不是最低價。如果市場變化更快的話，你的買入價甚至會比當天的平均價格高出五到十美分。

　　缺乏對市場運作機理的充分理解，會使你下達不正確的執行指令。另一個錯誤的觀念，是「經紀人只是為他自己在交易」。通過我的觀察，我發現在活躍性極差的時候，經紀人的行為往往是增加了市場的活躍性。經紀人是頭寸交易員，他們與當沖交易員和搶帽子交易員有所不同。經紀人的基本工作就是首先滿足你的指令。

　　由於報價過程的延誤，使你的委託價格看起來與現價有巨大的差距，並且使你的經紀人延誤了進入市場把你的指令傳達到交易大廳內。由於經紀人要花時間回到交易桌旁，你的經紀人就會用一小段時間把委託單傳到交易大廳，然後再交給另一個經紀人，而此時經紀人已經在填寫其他的單子了。再重複以上的過程，跑單員（runner）尋找你的單子，然後把你填好的價格回覆給你。

　　有時你並不知道自己的委託單已被執行了，因為當跑單員再次把單子遞進交易場之前，可能找不到你填好的單子。我的建議是，如果你必須知道你的訂單是否被執行了，那就乾脆撤單，這樣的話跑單員就必須讓經紀人把指令從交易桌上撤回來。如果確實執行了，單子就不會在那裏，必須讓跑單員去找。有的時候新的跑單員不知道如何在文件堆中尋找，這是缺乏經驗的緣故，慢慢地他們就會變得熟練了。一開始的時候新手看到堆積如山的單子覺得束手無策，場內經理會告訴他們怎麼分出輕重緩急——先把委託單遞到交

易大廳，然後再關心委託單是否被執行。

我記得過去當大豆價格第一次高於４.４４美元的時候，我將委託單送到交易大廳，要求當價位達到４.４４時賣掉我的多頭倉位，結果我的賣出價格卻是４.３２美元。我對那一天的買賣報價作了仔細的研究之後，我知道了一點：當我執行了一次糟糕的交易時，從來不是因為經紀人不夠警覺，而通常是因為我沒有在交易池內，不知道我下單前的兩到十分鐘會發生怎樣的變化。

亞瑟，我覺得我們需要一些回覆，在期貨論壇中交流，這一章講的內容對我來說十分枯燥，但我知道這一章對於交易員來說是又十分重要的。交易員必須懂得，在市場不景氣的時候，答案總是比責難來的要不容易。

亞瑟：好吧，交易員們，幽靈，類比交易員們，經紀人，新手和老手們，我們開始交流吧，請告訴我們你的問題，或是你通過觀察得出的結論。

註：在短短的幾天內，我們從R.H.那裏得到了很好的回覆。

R.H.：幽靈，十分感謝你願意讓我們分享你的智慧。你所信奉的觀念是：除非有豐富的經驗，否則弱小者總是遇到最糟的情況。這一章所講的就是如何更好地去瞭解市場。對於您所講的，我有些自己的理解。我想知道的是，在跟蹤市場的時候，除了時間、價格及成交量之外，是否還需要其他的資訊或資料？

在製造假突破這章中，搶先停損的人會製造出一個很迅速的價

格波動，一旦價格觸及停損價位時，場內交易員就做沖銷，這樣單子依次被執行。你的解釋好像是搶先停損，是由於一些場內交易員在錯誤的位置上建倉，而不是他們故意為之，在他們做沖銷時，市場波動迫使這些停損單執行。

當市場證明大多數的人錯了，觸及到了他們的停損點，但然後又朝著他們原先預料到的方向發展時，規則一就是為這種情況所設計的。如果你建倉之後，市場對你不利，規則一就會抵消這個倉位，讓你在很短的時間裏再次建倉（在市場收盤前幾個小時），而不是再次用停損單建倉。所以規則一可以讓我們再次建倉，或者是避免我們在空倉後沒多久，就看到市場又朝我們原先希望的方向發展。

至於在停損和重要的市場公告公佈這方面，我想知道，是否有其他的方法可以預見到我們的買入或賣出是不好的，而不是和其他人一樣看著同一個線圖得出相同的結論？

再次感謝，你為我們詳細地描述出了真實的市場是什麼樣子。

亞瑟： 幽靈，R.H.的問題不少，我們應該對此做出回答。關於跟蹤委託單的問題，他想知道除了時間價格等因素，還需要瞭解什麼資訊？

幽靈： 最好的途徑就是記住負責你的單子的電話操作員的名字，還要能夠知道是哪個跑單員把你的單子送到交易池裏。對我來說，這很容易做到，因為我平時十分留意搜集各方面的信息，來保

證我的委託單順利地進入交易圈。

我樂意搜集資訊，是因為我相信除了自己的努力和細心之外，不會有什麼神話發生。大部分的交易員經常是懵懵懂懂，不知道發生了什麼，因為市場變化太快，新的消息層出不窮。最後，他們只知道自己進行了一次不好的交易執行。

不好的執行總是有好的理由來推託。每次我檢查這些壞執行的原因時，我都能意識到確實是我自己的原因。

當我下單的時候，我並沒有什麼把握，因為我無法及時得到最新的消息，或是當時市場的活躍性是怎麼樣的，我們能對每時每刻發生的事情都瞭如指掌嗎？我們不能！你看，我們是多麼擅長為自己找藉口，而忽略了我們確實是無知的這個事實！儘管我自己可以填所有的委託單，但我仍然很清楚，如果我把這個單子給專業經紀人的話可能會做得更好。而現在，許多交易員都不懂得這個道理。

在跟蹤委託單的時候，你大多數情況下可以知道成交時間和成交額，但真實的情況是，當你的指令是一個現價指令時，它可以在任何價位和時間範圍內，比如說兩分鐘內被執行。那麼，你見過市場在兩分鐘內變化的情形嗎？當然見過。在兩分鐘內市場可以有巨大的變動。

你怎樣才能在這場遊戲中勝出呢？如果你下的單子足夠多，那麼總體來說最後結果是勝負平均。如果你只下了幾個單子，你很快會如蘭迪所說的那樣，發現自己處於很糟糕的境地：你在市場剛剛要改變方向時下單，緊接著市場就朝不利於你的方向發展。

你已經看清了市場的趨勢，可在你下的單到了場內時，市場就已經開始變化了，然後你對市場的反應卻慢一拍。在你下單的時候，你所接到的報價和交易場內的喊價和出價已經不同了。這中間總有一個滯後效應。我根據交易圈內全面觀察到的具體情況出價叫價，而普通投資者卻做不到這一點。儘管你餘下的單子都不錯，但是，如果你交易的數額不太大的話，委託單的執行才是最重要的一部分。

　　好的，你還應該自己負責審核你的經紀人、跑單員和電話職員。一個好的經紀行可以令你事半功倍，但是開盤時就不一定了，在閉市的時候你要做好記錄，並保留你的紀錄。

　　亞瑟：你對R.H.關於假突破的觀點有什麼看法呢？

　　幽靈：我不想隨便發表議論，但是他確實很準確地把我的意思表達出來了。所以我沒有什麼要補充的了。

　　亞瑟：另一個問題是：除了看大家都知道的線圖以外，是否有其他的方式能夠看出自己的買入或賣出是否正確？

　　幽靈：我知道他為什麼會問這個問題。在交易場內想看出市場的走勢很容易。而在場外，你必須腦子裏時時繃緊一根弦，必須瞭解在市場內發生各種情況的可能性。這裏經常是一大幫人一轟而上，都在做同樣的事情，當他們建倉結束後，市場才會鬆一口氣，然後波動逐漸減少。

　　我們下錯單，經常是因為我們不能堅持到底。當我們不在場內時，市場波動經常會十分劇烈，甚至有時還造成人為的高點及低

點。我的建議是，一定要留意波動的速度，然後在適當的時間段內時刻關注進展，每個市場對此反應都會略有不同。R.H.對規則一和正確交易的方法理解得很準確。一個標準是結合當日成交量，這是當沖交易者在收盤前一小時的做法，我也時常運用這些來幫助自己進行交易。

實際上，關於我在交易中運用的系統，我可以寫上一兩章，甚至是一本書。當然在這裏我不會把所有的內容都寫進去，但是也足夠幫助大多數交易員建立一個遊戲的計劃。

亞瑟：關於執行委託單，你還有其他的情況要闡述嗎？

幽靈：沒有了。我認為每一個交易員都應該自己去做研究，以建立自己的觀點。我不能替他們去做交易，他們必須自己避免不好的執行單，他們必須自己承受這種情況的發生，這樣才可以有足夠的自信將挫折置於腦後。

亞瑟：　在寫這本《幽靈的禮物》的時候，你十分慷慨地和我們分享你寶貴的經驗，我知道交易員們對此感到十分感激。

幽靈：你明白，我在看論壇網路留言的時候已經得到回報了，我看到了這個專案所顯示出來的效果是巨大的。

亞瑟，我覺得該是看看Robbie（編註：指前文小丑學生羅比的故事）在交易中是怎麼做的了。我們必須回過頭來好好觀察一番。

亞瑟：這是否意味著我們這個專案已經要結束了？

幽靈：　亞瑟，你知道這個專案並沒有結束。我在你的桌子上看到了一個ＣＤ光碟，在封面上用紅色字體寫著「幽靈的禮物」。

而且我也知道，我們做得相當好，沒有人會懷疑這一點。我希望我們的交易員都能強大起來。目前我們已經看到，他們在交易中有許多的真知灼見。

你知道我對於小交易員一向心存敬佩。他們應該成為成功者，這需要經過多長時間我並不清楚，但是他們一定會成為讓人意想不到的成功者。我認為，下一步是指出「金礦」的位置所在。如果看了Darrell Jobman（編註：前期貨雜誌編輯）的最新的光碟，你就不必自己找出線索了。只要在網上訂購一份，兩天之內就會送到你的手上，除非你想花時間自己摸索。

亞瑟： 我看見你買的Darrell的書免費附帶光碟，不過我還沒在市場上看到，你認為這書怎麼樣？

幽靈： 水準一流！Darrell不愧為Darrell。

亞瑟： 那麼我們會把《幽靈的禮物》製作成ＣＤ嗎？如果是，要多少錢才能買到呢？

幽靈： 只要交易員們需要，我就會這麼做。當然印刷和銷售需要成本。這取決於交易員自己，他們會自己判斷這本書是不是值得買。

亞瑟： 然後呢？

幽靈： 我還算是觀察敏銳的人，我瞭解我們的交易員，他們有些人也瞭解我，我相信小交易員們可以做得更好。不透露我的真實身份對小交易員更有利。我想看到更多的小幽靈成長起來。

亞瑟： 好的，今天我們的談話就到這裏結束吧。十分感謝你！

附錄

Epilog 1

銘刻在幽靈心中的
聖誕禮物
生命中一段曾有的旅程

在這個世界上最偉大的事情就是愛，
它具有比死亡更大的力量。
當我努力想在事業和生活找平衡點時，
我時常有這樣的疑問：
與死亡擦肩而過時，
是什麼東西指引人們重新積蓄力量呢？
我希望和大家分享我的答案。

　　亞瑟：幽靈不會忘記在自己交易旅程中曾有一面之緣的人，也
不會淡漠在分享智慧的途中遇到過的朋友。他一直覺得，他本應該
幫助別人比現在更多一些。從某種意義上說，他覺得自己才是讀者
的受益者。

　　我所記得的幽靈所得到的最高讚譽，是在一次十分重要的酒會
上。一位服務生打算為客人倒一杯紅葡萄酒，出於禮貌，幽靈接受
了這一服務。酒杯快滿的時候，最後幾滴濺到了幽靈的白色襯衫和
西服上。

　　服務生轉向幽靈大聲致歉道：「先生，真可惜！又少了一個我本該服務得完美無瑕的人物。」幽靈的回答是：「其實應該感謝你的提醒，我才應該更好地為人們服務。」

　　幽靈願意為你們提供更好的服務。對於在實現目標過程中，你們所給予他的思想上的靈感的啟發，他深表謝意。總有一些偉大的交易員被大眾所忽視，他們之所以被視為偉大，並不僅僅是在交易中財運亨通，還因為他們在生活中有收穫。

　　有一次，一對父子失去了他們的摯友——家裏的愛犬，朋友們對他們所表達出來的關愛和殷切慰問之情深深打動了幽靈。打動幽靈的不僅僅是人們善意的行為，同時幽靈也感悟到，美好的思想是可以不斷擴大延伸，不斷感染其他人的。而在緊張交易氣氛下的交易員所處的環境卻是冷如堅冰，沒有人情味。

　　幽靈讓我們記下他的交易歷程的目的，是希望告訴大家，應該在交易和生活中找到平衡。交易時常會攫取你的靈魂，並使之變得冷酷無情。但是，生活可以修補你的世界，讓你重新找到善良和友愛。

　　毫無疑問，人類生活中的大部分因素與交易沒什麼聯繫，而同時絕大多數交易員也都認為沒有必要從人類行為中能學習到什麼對交易有用的東西。９０％的交易員都會默認這一點，即使是那些持不同觀點的人，也或多或少承認沒有什麼學習的必要。

　　幽靈這就開始講述他的旅行，其中包含的智慧是值得我們學習借鑒的。他的故事從聖誕禮物開始。

幽靈：在我的交易生涯中，有不少令我難以忘懷的交易員。令我詫異的是，我記住的並不是他們在市場裏獲得的成功，而是他們在生活中做過的了不起的事情。其中有一些是他們在創業初期互相幫助的故事，或者是他們在生活中對別人無私奉獻的事例。我所看到最多的，是這些交易員身上所體現出來的兄弟情深。

　　這就是我想和你們分享的——了不起的交易員。在這個世界上，最偉大的就是愛，它具有比死亡更大的力量。當我努力想在我的事業和生活當中找到一個平衡點的時候，我時常會有這樣的疑問：當與死亡擦肩而過時，是什麼東西能夠指引人們重新積蓄力量呢？我希望和大家分享我的答案。

　　一個交易員的妻子向我講述了以下的故事（故事的主人公並不想透露他的姓名）。

　　那是１９７９年的聖誕前夜，一艘美國油輪上的兩個船員剛剛結束當值。這艘船停泊在韓國釜山的一個港口，準備把油卸到岸邊倉庫。因為聖誕前夜不可能和家人團聚了，所以兩個船員決定別出心裁地另做安排。晚上八點鐘，兩人坐小船划向岸邊，他們每人都帶了裝滿東西的大袋子。其中一位有點擔心：背這麼大的袋子上岸，會不會被誤認為是走私？另外一位覺得，這麼做雖然會冒一點風險，但由於是聖誕前夜，所以如果被查問到，解釋起來可能會容易一些。

　　上岸後，兩個人步行了大約有兩英里，肩上的袋子也越來越沈。寒冷的冬夜，他們又身處一個完全陌生的國度，但是兩個人為

了實現自己的計劃，背著沈重的袋子，繼續蹣跚前行。

　　兩個人來到一棟房子前，發現院門沒鎖，他們便走了進去。一位女士迎了出來，看到這兩位陌生的訪客，便請他們進屋坐下。沒過一會兒，一大幫韓國孩子嘰嘰喳喳地走進屋裏。

　　在這裏，孩子們很少能見到外鄉人，尤其是兩個金髮碧眼的外國人，所以看到這兩位客人讓他們興奮不已。

　　兩位船員一個名叫Preston，另一個就是我的交易員朋友。因為屋子裏其他人都不懂英語，所以這兩個水手就用磕磕巴巴的韓語和大家交談，他們怪裏怪氣的發音惹得孩子們哈哈大笑。

　　孩子們努力地重複一個發音類似英語「one」的單詞，可能是希望告訴我的朋友他們能用英語數數吧。我的交易員朋友被其中兩個孩子吸引住了，一個是十來歲的男孩，另一個則是六歲的女孩。那個小女孩盯著兩個外國人一言不發，而那個大一點的男孩子卻喋喋不休，可能是在耶誕節的前夜遇到兩個美國人讓他覺得十分興奮。

　　「袋子裏裝的是什麼呀？」那個女人問道。

　　「你們一會兒就知道了。」說著，Preston拽出其中一個袋子。孩子們瞪大了雙眼，心想大概是魔術一類的小把戲，小女孩更是狐疑地看著兩個叔叔。兩個人從袋子裏取出幾塊炸雞，在孩子們面前啃了起來。這些孩子從未見過炸雞，更別提吃過了，他們平時甚至吃不飽肚子。

　　炸雞塊遞給了一個又一個孩子，每個人都細細品嚐著這種意外

食品香噴噴的滋味。大袋子裏的食物豐富極了，沒過多久，孩子們就都吃得飽飽的。

由於是耶誕節前夜，所以孩子們在這個特別的夜晚可以不用睡覺。但是兩個船員必須回去了，因為凌晨三點要漲潮，船隻有在這時才能安全地離開。大概午夜時分，兩個人回到了船上，那時船員們已經準備開船，因為油已經卸空了。

船開動時，我的交易員朋友雙眼噙滿淚水，他忘不了那些在飢餓中煎熬的孩子們，和自己在聖誕前夜給孩子們帶來的小小快樂。這麼多年以來，他一直認為這是他所做過的最好的「交易」。

十五年之後，也就是１９９４年１０月，在一次乘船旅行中，我這位交易員朋友的妻子生命垂危。他們遠離家人，又是在孤懸海面的一艘輪船上，情況十分危急。我的朋友在船上四處尋找聖經，可不知道為什麼偌大的一艘船上竟然找不到一本聖經。

這艘輪船每週從波多黎各航行到紐約，這次船到紐約停靠的時間是個星期六。

當船停靠在碼頭邊時，一個陌生男子請求上船。被允許後，他來到我朋友的跟前向他伸出手：「我姓吳，這是你要的聖經。」

「什麼？！」 我的朋友驚訝極了，他從未向任何人提起過這件事，這個人怎麼會知道的？真是奇蹟：一個陌生人走上船，遞給自己一本已經找了整整一個星期的聖經！

因為正是吃午餐的時間，我的朋友問吳先生是否願意留下來吃午餐。吳先生問：「船上午餐吃些什麼？」

「今天午餐是炸雞，」我的朋友告訴他。

吳先生說炸雞是他最喜歡的食物，可惜他已經吃過午餐了。接著吳先生開始解釋為什麼炸雞是他最喜歡的食物。

「我是從韓國來到美國的。」吳先生說，「我向上帝發誓，我要盡力給予別人生活中所需要的東西。」

我朋友問他，為什麼會把自己的一生奉獻於幫助他人的事業上去？

吳先生敘述起他的過去：

「在我十歲的時候，我的妹妹六歲，她是我這世上唯一的親人。因為我們倆都是孤兒，從小生活在釜山的一個孤兒院裏。」

「１９７９年的聖誕前夜，我遇到了我生命中的上帝。那是一個寒冷的耶誕節，我們的生活十分艱難，因為我們從沒有足夠的食物來填飽肚子，當我們上床睡覺的時候，肚子裡總是空空的。」

「那天晚上大概九、十點鐘左右，我們的女舍監推醒我們，讓我們跟她走。我們去了餐廳，坐在一張桌子旁。天氣冷得要命，我和妹妹不得不坐在離爐子最近的地方好讓自己暖和一點。」

「兩個男人已經在屋子裏了，一開始我以為我們會看一場魔術表演。一個男人從一個大袋子裏拿出一個包，從裏面拿出一種我們從未見過的食物吃了起來。然後他們把食物分給我們，示意我們也一起吃。其中一個人把那東西舉到嘴邊，然後咬了一口。我和妹妹也咬了一口手裏的食物，那東西聞起來香極了，味道也很鮮美。後來我才知道那就是炸雞。那是我們第一次吃炸雞塊。」

「直到今天，對那兩位紳士在聖誕前夜遞來的溫暖，我仍然無法忘懷，這就是為什麼我決定幫助別人的原因。」

「在那個聖誕前夜，我們的女舍監允許我們晚上可以不睡覺，因為這是個特殊的夜晚。我是那群孩子中年紀最大的，我希望知道，究竟是誰為我們帶來了這些美味的食物。女舍監告訴我說，那是上帝和耶穌為我們帶來了食物。我妹妹看著那兩個人，對我說，她就知道那就是上帝和耶穌，一定是他們，她不肯改變這個想法。她是我最親愛的人，是我生命的全部，所以我就願意聽從她的說法，於是我向上帝發誓，我要像他們兩人一樣，把同樣的友愛帶給他人。」

「我的妹妹去世前，還一直念念不忘，希望與上帝和耶穌再次相見，她還問我，會不會跟她一起去。我只有在夜裏暗自哭泣，因為我知道我很快就會失去她了。」

吳先生告訴我的朋友，他的妹妹離開這個世界的時候，只有八歲。

吳先生最後的感慨是，也許在１９７９年的那個聖誕前夜，他見到的確實是上帝和耶穌。

當吳先生順著舷梯下船的時候，我的朋友想叫住他，但是又不知道該說什麼好。我的朋友想起了那個遠離家鄉和親人的聖誕前夜，他如何背著沈重的一袋食物從港口一直走到韓國釜山的一個孤兒院裏。我的朋友沖吳先生喊道：「吳先生，上帝會經常通過凡人來實現他的願望。」

　　吳先生大聲衝他回應道：「不錯，我明白。你能替我謝謝那位在１９７９年聖誕夜和你一起來的朋友嗎？」

　　在和我朋友的妻子談話過程中，我發現了這個貴重的禮物。她說這是她丈夫最珍惜的禮物之一。把他生活中的一部分給予別人，然後在每天讀那本聖經——那個他所收到的最好的聖誕禮物——的時候，都能感受到一種回饋。這就是我的朋友在１９７９年做的一次偉大的交易。

　　在你們當中也有一些了不起的交易員，我相信我看到了！

　　我希望你們能夠明白「成為一個優秀交易員」的真實含義。這段兩位船員送去聖誕禮物的故事，只是在你們遠大的交易前程中的一個開始。在旅途中還會有很多這樣的故事，我希望與你們分享。因為它和你們息息相關！

遵守規則
與生命的永恆
聖經的啟示
作者／亞瑟・李・辛普森

每個人都必須作選擇，
但是正確的選擇卻只有一個。
如果我們選擇相信，會有一種結果；
如果我們選擇不相信，會有另一種結果。
正如我們交易時要做正確的決斷一樣，
在獲得永生這個問題上，
我們也須作出無誤的選擇。

對幽靈來說，這一段內容和他寫的任何一本書的任何一章都同樣重要。我並不想宣告什麼，只是想告訴大家寫作這本《幽靈的禮物》的初衷，其中的原因很複雜。

這是1997年10月13日，幽靈被突如其來的噩耗擊倒了。在他的一生中，為了維持已有的成功，他幾乎對每一種可能的結果都做好了準備，可今天卻不同以往。他跪問蒼天，痛苦不已，沮喪萬分，他根本無法接受這個事實。

幽靈思緒萬千，他想到，自己對於這個世界上的其他人來說是

多麼的重要，他把自己的智慧付諸筆端，教會別人如何進行交易，就是希望能夠以此來報答世人。

　　儘管筆下艱澀，我還是一直努力著想把幽靈的思想準確地傳達給大家。我只能告訴你們幽靈的部分觀點以及其來由，你們中如果有人讀過我寫的書，那麼也許更能體會我此時落筆的艱難，因為淚水早已打濕了我的鍵盤。

　　幽靈並不是你們認為的那種具有狂熱宗教情緒的人。但今天，遠方傳來的噩耗令他震撼不已。幽靈的心好像被掏空了一樣，覺得浮生若夢——即使他為了保護自己的個人世界，總是能提前做好準備。

　　約翰‧丹佛昨天剛剛墜機身亡（１９９７年１０月１２日）。他開著自己的那架試驗型飛機從５００英尺高空墜入加州海岸附近的太平洋。交易，是幽靈生活的全部；歌唱，則是丹佛生活的全部，而飛行是他們兩個人共同的愛好。幽靈十分瞭解作為一個公眾人物需要面對多少麻煩，尤其是像丹佛這樣的超級明星。而我們不公開幽靈的姓名，也是出於這個原因，希望你們能理解並尊重幽靈的選擇。

　　丹佛的大部分時間都不得不暴露於公眾審視的目光之下，這使得他和家人共度時光的時間寥寥無幾。由此幽靈悟出一個道理：其實，交易在我們的生活中只佔很少的一部分，唯有家人才是最為重要的。但是，如果我們生命中所熟悉的燈塔熄滅的時候，我們又該向誰求助呢？

幾個月以前，幽靈向我提起他的打算。他說，是該自己回報社會的時候了。那時他還並不是特別清楚自己所做的這件事情有多麼重要，甚至他自己也說不清楚，為什麼要這麼做。但當時我們想，過一段時間也許就清楚了。而今天我們終於知道原因了。

不能不提到的是，當幽靈被問到他最心愛的一本書是什麼時，他落淚了，並說自己沒有經受住上帝的考驗。事實上，《聖經》是他最心愛的一本書。幽靈認為沒有人比交易員更能體會方向的重要性了。當他教導交易員們在交易中如何才能獲得最佳的結果時，他的指引至關重要。幽靈為了讓交易員們能在殘酷的交易場上生存，提出了規則一和規則二，同時他還指出了如何走上正確的道路，以避免可能遭受的挫折和磨難。

儘管幽靈十分樂意隨時為大家提供建議，但是，最終作決定的只有你們自己。我認為，交易的真理和寫這本書的初衷是一樣的：「在交易中如果你不運用正確的規則，那麼你將一無所獲，兩手空空。」

幽靈只是一個傳達資訊的人，並不是掌握你在交易場上生死的法官。

聖經，這本幽靈最喜歡的書，其實也給了我們一個選擇。我們可以選擇對聖經裏的話篤信不移，也可以選擇對其不以為然。但《聖經》告訴我們，那些篤信上帝並接受《聖經》的人將會獲得永生。

幽靈從《聖經》中得到的啟示是：我們每一個人都必須作選

擇，但是，正確的選擇卻只有一個。如果我們選擇不相信，我們所作出的決定會有一種結果；但是，如果我們選擇相信，那麼我們所作出的決定會引發完全不同的另一種結果。正如我們在交易的時候要做正確的決斷一樣，在獲得永生這個問題上，我們也須作出無誤的選擇。

除了蘊含著幽靈的智慧之外，這本書還傳遞了另一個很重要的資訊。我們生命中最重要的東西就在於生活本身。我們的家人和朋友比我們在交易中所得到的任何物質化的東西都更為重要。而且，不論何時，他們都是我們努力成為最好的交易員的強大動力和根本原因。

我們需要瞭解幽靈生活中發生的事情，他需要我們的關注和理解。雖然幽靈並不能很快從自己所遭受的打擊中恢復過來，但是他必須面對現實，人終究要歸於凡塵。幽靈決定更加努力地工作，繼續回報社會。

再見，丹佛，我們最心愛的朋友，祝你一路順風！

當我們
失去了丹佛

記念一位熱愛飛行的鄉村歌手

作者╱哈羅德＋凱西‧辛普森

起初，愛是我來此的原因所在，
現在，愛又使我不得不離開。
愛是我希望能夠發現的所有一切，
她是我唯一的夢想。
——約翰‧丹佛《四季之心》

　　在我結束我一生中最重要的旅行之後，我花了很長時間才理清我的思緒。

　　駕車穿過洛磯山脈，真是一件令人心曠神怡的樂事，我們鮑威爾湖的旅行十分順利。通過「約翰‧丹佛的世界大家庭」這個組織，我認識了不少好朋友，比如維珍妮亞和山姆‧艾倫。山姆是一位作家，寫了不少木工方面的書，都很受歡迎。維珍妮亞則稱她自己為「拱石探尋者」。當得知我們要經過他們的家鄉——猶他州的莫阿布時，他們邀請我們參觀拱石國家公園，同時分享關於對約

翰‧丹佛的一些體會。

　　我們在接待中心的停車場碰面，維珍妮亞和兒子坐我們的車，我媽媽和山姆則在四輪驅動車裏，他們另外一個兒子和凱西坐在旅行車裏，我們三輛車組成了一個流動車隊。

　　山姆和維珍妮亞對國家公園的情況瞭如指掌。一開始我沒有注意，後來才發現，我們進入停車場時所拿到的公園導遊手冊，原來就是維珍妮亞和山姆兩位合作撰寫的。維珍妮亞曾經花費了大量的時間，對面積廣袤的公園遠端進行探險，她已經發現了一些新的拱形岩石。這裏的規矩是，如果誰能夠發現一塊新的拱石，並對其進行分類，誰就可以為它命名。維珍妮亞的一個兒子最近剛發現一塊拱石，並有幸為它命名。他把它稱作「隱身拱石」，因為這塊石頭很難被發現——躲在高高的一個非常不顯眼的地方。他們領我去了一個山洞，那裏曾經是印第安娜‧瓊斯系列電影「聖戰奇兵」(Indiana Jones and the Last Crusade，1989)中的一個外景。他們還領我們參觀了拱石公園最著名的一塊拱石——「精緻拱石」。

　　當我們四處遊覽的時候，維珍妮亞和我聊起了我們共同喜愛的歌星——約翰‧丹佛。我碰巧有一套四碟裝音樂專輯《約翰‧丹佛——「鄉村之路帶我回家」選集》，維珍妮亞把ＣＤ放入車內的播放器內，我們一邊欣賞公園內美麗的景色一邊聽著動人的歌曲。

　　時間過得非常快，大概在下午三點半的時候我們相互道別。我們從另一條路開往鮑威爾湖，這是美國最荒涼也最令人畏難的路之一。我開著車在最前面，凱西開著貨車跟在後面。路面崎嶇不平，

車子上下顛簸，一路上的紅沙巖蔚為壯觀，使人恍然覺得並非身處地球。

離開莫阿布之後大概有一個多小時，當我行駛在山巔的時候，我所看到的景象令我覺得很驚懼，而這種感覺我以前從來沒有過。太陽低低地懸掛在地平線上，我們好長一段時間都是在山脊的陰面行車。當車一開到陽面的時候，光線突然變得非常的耀眼，以至於有好一會兒我眼前一片空白，看不見任何東西！由於不知道我前面是什麼，好像時間凝固了，這個瞬間漫長得就像永遠，但幸運的是我終於又重新瞥見了道路。

這是我一生中經歷過的最恐怖的時刻之一。我馬上通過無線電聯繫凱西，讓她放慢車速，因為山峰上面的陽光會讓人暫時失明。當我們駛入陽面時，我們都經歷了類似的情景。凱西和我都認為，這種體會是前所未有的。在暫時失明之後，隨之而來的恐懼是我從沒有經歷過的。我們在日落的時候到達了我們的目的地——鮑威爾湖。休整一晚之後，第二天一大早我們準備登上遊艇。

那天早上我起床很早，正當我打算去淋浴的時候，我聽到了電視的聲音，我很高興從電視裏我們將可以知道未來幾天的天氣情況。但緊接著，我聽到了一聲撕心裂肺的哭聲，我知道肯定發生了什麼非常糟糕的事情。我聽到凱西喊道：「約翰·丹佛去世了！」

那一刻，我根本不願接受這個事實。我還可以聽到周圍的聲音，但又好像又不是在現實當中，至少不完全是現實。我變得十分焦躁，媽媽想把我從電視機前拉開，但我和她吵了起來，我想待在

電視前面，這樣好知道所有的細節。

　　我很清楚，不論駕駛員多麼經驗豐富，飛機運轉如何安全，飛行總是最危險的工具，但同時飛行卻又是最有回報的一項運動。丹佛很瞭解這一點，如果我們為了恐懼而放棄了自己所熱愛的事物，生命就沒有任何意義了。

　　我想起了幾年前，曾在威斯康辛的實驗飛機協會的會議上見過丹佛，我問他是否願意在我的飛行駕照上簽個名。他看著我，然後問我是否確定希望他那麼做。我急急地說：「當然！」但這時卻找不到簽名的筆，覺得非常尷尬，此時一個站在附近的女士解了我的燃眉之急，把她的筆遞給我們。我忘不了他當時問我：「你確定嗎？」讓我覺得他平和到似乎以前從未有別人像我一樣要求他簽名。

　　丹佛在電視影集Higher Ground中出演了阿拉斯加的一個飛行員，這激勵我拿到了自己的水上飛機證書。我學會了在佛羅里達門羅湖的水面上駕駛Maule Rocket ２３５水上飛機，這是我所經歷過的最愜意的一次飛行。可是在獲得我新的飛行登記的過程中，我不得不交出我的舊駕照來換新駕照。真可惜，再也見不到了，約翰·丹佛的簽名。

　　後來，當約翰·丹佛在芝加哥簽售他的自傳《回家》時，我獲得了他的另一個簽名（順便感謝我的兄弟亞瑟，他告訴我這個資訊，使我能夠再次看到約翰·丹佛）。多年來，約翰·丹佛對我意義非凡，在我的餘生裏，他離世後留下的空白，永遠沒有別人能替代。

在鮑威爾湖的這一天，我們的運氣不錯，挑到了湖上最好的一艘船。「海軍上將」號是一艘豪華遊艇，船況非常好，大家得知這個消息都非常高興。

　　湖上的天氣越來越熱。當我們駕駛著這艘獨特的遊船，在寶藏般的湖面上遊蕩的時候，我們愈發意氣風發。其他地方從來不像鮑威爾湖這樣讓我有一種與眾不同的體驗。一句話，我熱愛這個地方。

　　在這裏的每一天都是豔陽高照，晚上明月皎皎，繁星點點。我們尋找隱於棉木峽谷（Cottonwood Canyon）的阿納薩斯（Anasazi）印第安人居住區。這些印第安人非常擅長掩藏自己的行蹤，我們花了兩個小時才終於找到它，卻發現這個居住區就在我們剛剛進峽谷時的入口，但是我們卻沒有能把它和周圍的環境區分開，真是有趣！

　　在遊艇尾部游泳，是一種非常愉快的享受，但我從沒有勇氣滑水。對於一個在早些年甚至敢從飛機上躍下的人來說，不敢滑水確實是一件比較奇怪的事情。

　　在經歷了這麼多激動人心的歷險之後，我們很不情願地離開了遊艇，但我們的水上之旅並沒有結束。我們重新回到現代文明中來，坐擺渡穿越牛蛙盆地，這樣我們能夠更快地回家。

　　在我們前往科羅拉多的時候，我突然想到，或許我可以參加在約翰‧丹佛的家鄉科羅拉多的阿斯潘舉行的紀念儀式。我給我的哥哥亞瑟打了一個電話，知道在星期六的阿斯潘確實有丹佛的紀念儀式。

　　對我們來說，時間精確得不能再合適了。我們將在傍晚抵達科羅拉多的格倫伍德溫泉（Glenwood Springs），第二天一早從那裏開車到阿斯潘只需要３５分鐘。儀式將會在下午２點鐘開始，地點是阿斯潘的音樂帳篷。

　　我們大概是在上午１０點左右到達阿斯潘的。中間曾在彼特金郡機場稍作停留。１９７６年時，約翰・丹佛曾在他父親的指導下，在這個機場學習駕駛賽思納－１７２型輕型飛機。往東眺望，可以看到約翰・丹佛曾下榻過的Starwood旅館所在的那座山，一面斜坡上停著比往常多得多的噴氣機，可能是因為許多重要人物都來參加紀念儀式的緣故。

　　有一架小飛機吸引了我的視線，我把車停在了它的後面。這是由Burt Rutan設計的名叫「Long Easy」的飛機，和約翰丹佛出事時開的那一架同一型號。站在這架飛機旁邊，在同一個機場，遠眺那座山峰，這一切回想起來，讓人頓覺世事如此無常。此身真在此處嗎？還只是我的想像使然，抑或是我本來就是自然中的一部分？面對自然我只有一顆虔誠的心……沒有人知道我此時的感受，我的腦海中有神奇的火花在跳動。

　　正式儀式的前一天，在科羅拉多的奧羅拉（Aurora）的長老會教堂舉行了儀式，丹佛的媽媽以及弟弟羅恩現在就住在那裏。１９９７年１０月１８日，是家人和朋友對丹佛最後的告別會，是在阿斯潘舉行的，約翰如果靈下有知，應覺欣慰。

　　凱西和我排在隊伍第九或第十的位置，我們和周圍的其他人的

交談十分融洽。我們聊起了每個人與丹佛和他的音樂的聯繫。我們前面的一對男女，是當天早上坐飛機從明尼阿波利斯飛到這裏的。他們並不是夫婦，對約翰‧丹佛的熱愛把他們聯繫到了一起並成為了朋友。他們的配偶都知道，來這裏參加儀式對於他們意義非凡，所以對於他們一起旅行到阿斯潘也很理解。

另外一位女士是從納什維爾飛過來的。她一大早就在這裏等待，甚至被相關人員勸說離開一會，以便能夠方便安裝音響系統和設置電線。等她回來的時候，隊伍已經排得很壯觀了。她走到我跟前，告訴我她是最先到的。我替她向周圍的每一個人解釋了一遍之後——現在大家已經都成了朋友——我發動大家，對讓她和她的朋友加入到我們的行列並且站在第一個進行了投票，結果全票通過。後來我們得知她是一名律師——一位優秀律師，她很高興地說，排在這個位置與其他地方區別可大了！

我們互相交換地址，約好保持聯繫。音樂帳篷裏容納了1700個人，稍中心一些的區域是留給丹佛的家人和親密朋友的，我們的位子則是公共區的最好的位置。

整個舞臺搭建得像一個即將開始的音樂會。丹佛的吉它放在那裏，還有他的麥克風，他所有過去和現在的樂隊成員坐在觀眾席中。整個場景像一個演唱會，但我們都知道不會有什麼演唱會的。這是我們最後一次聚集到一起，以這種方式紀念約翰‧丹佛。隨著紀念儀式開始，音樂帳篷變得擁擠不堪。

十分鐘後，一隊小型飛機列隊飛過，間隔15秒左右，每一位

駕駛員都用自己的方式對那個隕落的飛行員致敬。有一位駕駛員駕駛的Christen Eagle的雙翼飛機，其外觀和約翰曾經駕駛過的、在奧斯科什作飛行表演的那一架十分相似。另外一架飛機飛過時，飛機的陰影能夠掠過哀悼的隊伍。

仰望天空，一架美麗的白色水上飛機呼嘯著衝上藍天。我知道丹佛的骨灰今天將會被撒向阿斯潘的群山峻嶺間。我覺得這種塵歸塵、土歸土的方式十分美麗——用最戲劇性的方式，結束最具有戲劇性的生活。

丹佛在他的一首歌中唱道：「我看見你在空中歌唱，在水中起舞，那些歡笑的孩子們，逐年老去，在心靈中和精神裏，也可以見到你的身影。」

所有的感受在那一刻全都湧上心頭。

在丹佛最好的朋友湯姆・克拉姆的幫助下，丹佛的孩子們一起為他們的父親獻上了一篇祭文。丹佛所有的家人都在那裏，他的媽媽厄瑪、弟弟羅恩、第一任妻子安妮、第二任妻子卡珊德拉，還有他所有的親戚，以及這些年來的他的朋友們。包括和他有長期合作關係的製片人米爾特・歐昆，正是他的努力使得丹佛的成就傳播更遠。

那些和丹佛有著多年交情的親密朋友，向大家講述了和丹佛交往的故事，這使我們感覺和他更加接近了。這一天我又知道了關於約翰的許多事情。對於我這樣一個對他知之甚少的歌迷來說，能夠有機會獲知這麼多關於他的生活中的珍聞，是一件很幸運的事情。

在儀式過程中，丹佛的一位秘書斯坦芬尼說，有一次丹佛曾問她：「你相不相信占星術？」

斯坦芬尼笑著回答道，她相信任何事情。

丹佛然後告訴她，他的占星師告訴他今年對他十分重要，他有一個前所未有的機會。

斯坦芬尼就說：「那很好呀，我覺得這很棒。我為你感到高興。」

丹佛還說：「這種機會一生只有一次。」

斯坦芬尼說：「即使是在２０世紀９０年代？」

「是的，一生一次，」約翰回答道，「聽起來挺讓人激動的，不是嗎？」

斯坦芬尼說：「我覺得真得很棒，你當之無愧。」

當她再次回憶起這次談話時，雖然當時她並不知道那句話的含義，但她仍忍不住想知道約翰當時的一席話，是不是指的就是這次事故——他的靈魂融入了茫茫宇宙之中！

那一日天氣絕佳，好像是上帝和丹佛共同的默契。在我們周圍，阿斯潘的樹木隨著和煦的清風搖曳生姿，枝葉在陽光的照射下閃閃發亮；陽光輕柔地照在我們身上，有著融融暖意。天空——對，天空，我從未見過如此美麗的天空——那藍色也許只能在離阿斯潘８０００英尺的高空才能得以一見。沒有一個人不對此美景讚歎不已。原計劃兩個小時的音樂儀式裏，間雜著大家對丹佛的回憶，氣氛變得愈來愈輕鬆，最後大家一起分享彼此的故事和感受，

使得整個儀式超過了三個小時。

　　我的新朋友，佛吉尼亞、阿倫，以及另一位從密歇根坐飛機過來的名叫帕蒂的朋友也來到了這裏。他們到達的時候我去迎接他們。周圍的這些人我好多年前在歌迷俱樂部裏遇見過一兩面。約翰是使這麼多人聚集在一起的最重要的原因，我不知道，但我就是覺得約翰好像就在我們中間，也許實際上就是如此。

　　把這種聚會稱作慶典也許怪怪的，但是實際上給我們的感覺就是這樣的。也許約翰也希望是這樣，他向來為生命而歡呼，並且使之變得最為充實。

　　在這一天快結束的時候，大家低下頭，閉上雙眼，用心感覺，約翰·丹佛彷彿在那一刻就在我們中間。我們想像他正佇立風中，在層巒疊嶂的山巒裏，在蔚藍清澄的高天上。對我來說，這並非是一件難事。樂隊演奏了丹佛錄製的最後那首歌《黃石（回家）》。此時我們抬頭仰望，無數的氣球朝著藍色的天空飄搖而去……

　　遠逝的氣球把我的思緒拉回，隨後我們離開了阿斯潘。

　　我們永遠都不能確定，那道使我和凱西短暫失去光明的耀眼白光，究竟是何時發生的，也不知道它所帶給我們的那種無邊恐懼和無助的感覺，是否和約翰·丹佛十月二日從太平洋上空墜落的時間完全契合，但非常確實的是，這兩件事最多只有幾分鐘的間隔。

　　心靈的感應也許會無堅不摧？這一個謎，凡俗的我們永遠不得而知。

　　祈求平安。

論壇回響／後記

Forums　1

幽靈給了一份極平常
卻偉大的禮物

作者／無腦

　　有實戰經歷的交易者，特別是期貨交易者的一個切身體驗就是
「執行」難！！這是一個困擾交易者的終極障礙，或許你已經付出
了極大的代價，走過了很長的路，如果你還活在市場裡，還沒有打
算退出交易這條路，那你就無時無刻不面臨「執行」這個最難逾越
的障礙。有沒有可能穿越這條路？幽靈給我們指了條道：「這是一
條前人已經走過的路，但卻是孤獨的路。」

　　讀了不少關於交易方面的書，你會發現研究各種「交易系統」
的不少，但這些系統多偏重分析或是預測（等著系統發出信號），
更荒謬的還有希望做出一個「系統」把交易變成像按電鈕一樣的簡
單，這些「系統」恐怕是不可能把你引上成功交易之路的，因為，
這些都沒有最直接地反應交易的本質，同時還在試圖回避交易主
體－－人性的障礙，並在發揚人性的另一個特點，即頭腦習慣於把
事物複雜化的這一特點上走的更遠。他們過分依賴外在（電腦）發
出的信號，而完全忽視交易者自身發出的內在信號。

　　交易最終是要落實在有效的執行上，但一個行之有效的、易於
執行的「執行系統」在哪兒？

打開本書發現的是兩項交易者「眾所周知」東西－－

一是持有正確倉位否則清倉，另一個是在正確的倉位上加碼。

這實在不是什麼新鮮玩兒，但我相信幽靈這廝是個「真貨」。原因很簡單，他沒有拿出包裝的花里胡哨的理論，概念，模型來糊弄我這個大老粗。這些「革命先驅」在上世紀七十年代，我們還是一個孩子的時候，就拋頭顱灑熱血，用鮮血和生命換來的這兩樣東西難道不是什麼「好玩意兒」？

想想大作手jesse Livermore 不就是這樣幹革命的嗎；《直覺交易商》裡介紹的成功交易者不就是這樣做的嗎；《華爾街點金人》裡的很多人就是這樣做的嗎；《專業投機原理》的作者也是這樣做的嗎；《操作生涯不是夢》的作者本質上就是這樣做的；《操盤建議》裡的那些頂尖交易員也是這樣做的；《混沌操作法》比爾說到的第四、第五節層的專家級交易者就是這樣操作的；大名鼎鼎的索羅斯肯定也不會反對這樣的操作。

但是「幽靈」把這兩項「眾所周知」的東西提煉成了幽靈的兩項規則，這是「幽靈」的貢獻，甚至可以說這是給我們這些後來者的一個偉大的貢獻－－只有將那些最本質的東西，變為精煉的規則，才能被明確地無障礙地執行，才能進一步內化為習慣。

我無法想象，當你帶著一堆的概念，一堆的名詞，一堆的理論，一堆的數據，如何輕鬆執行？慶幸的是我與「幽靈」產生共鳴。與那些交易市場中的成功者，產生共鳴這正是希望所在。那些「成功學」鼓噪者最愛說的就是複製成功。當然交易決不可能簡單

地複製，但完全可以將成功者和失敗者作為鏡子，互相印證。

　　幽靈規則一，是建立在「交易是失敗者的遊戲」以及「在被證明是正確的之前，假定是錯誤的」這個理念基礎上的。（沒準兒也受了索羅斯的影響）規則一強調的是：「你要使你的損失越小越好，停損越快越好。這樣做不會保證總是正確的，但可以保證你在這個遊戲中生存。」

　　「交易者通常不知道交易實際上是一個失敗者的遊戲，那些最善於輸的人最終會贏。」（沒準兒受了中國人的「善敗者不亡」的影響）認識到這個高度才有可能無障礙地執行清倉。因為人有不服輸天性。人在直覺上的思考僅僅停留在對自己操作正確地期望值上，但市場行為往往是反直覺，導致「清倉」上總是非常被動。

　　我注意到幽靈總是在用「清倉」而不是「止損」，這恐怕是有微妙的不同。「清倉」是主動的行為，而「止損」是被市場證明錯誤後的一種被動的出局。其中資金損失的差距恐怕會是幾倍甚至幾十倍。

　　塔勒波在《成事在天》中說：「我從索羅斯那兒學到的就是，在我的交易公司每次開會之前向每個人說明，我們是一群什麼也不知道的白癡，很容易犯錯誤，只是我們有幸能夠認識到這一點。」

　　那麼清倉出局要快到什麼程度？

　　幽靈說，不能讓市場告訴你錯了，而是你自己感覺不對勁就要清倉，感覺不對勁，因人而異，有多種徵兆，去看看「直覺交易商們」是怎麼說的。索羅斯的不對勁兒，就是他會感到背疼。總之，要是讓市場告訴你錯了，你已經損失一大塊了，對此我深有體會。

在市場生存得夠久，
才會說：我可能是錯的！

作者／ＷＳＮ

前卷

　　這兩天看了兩章「幽靈」的故事，做為一個實戰者，書中幾句話就已經讓我感覺到，作者是個經驗豐富的實戰者，因為只有在這個市場生存好久才會不斷的說：我可能是錯的。書中的規則一和二，我看了後非常認同，我在沒有看到這書之前，已經在考慮和幽靈同樣的問題，我覺得給自己一個止損點，然後就等待市場去破壞這個點，證明自己是錯誤，似乎不太好，因為我們看錯的時候大於對的時候，被動的等待虧損，不如事前就解決虧損，沒有到自己的止損點，雖然沒有證明自己是錯的，但是也沒有證明自己是正確的呀，如果我們對自己多懷疑一點，認為自己有非常大可能是錯，在沒有證明自己是正確之前就假設自己是錯的，提前解決掉，似乎更好，回憶一下，會發現這樣的話，自己的虧損要少不少，如果在加上第二個規則，我在今年2月的大豆行情中，應該是賺了好幾萬，當然我是粗略的看。還沒有細想，但是經驗告訴我，這本談話錄有著給我指路明燈的效果，讓我細看下去。

　　我無意為這樣一本書去吹捧，實際上我是帶著懷疑的目光去看

待這本書的，我希望這本能給我驚喜，我是非常開放的，我願意接受一切可以幫助我的交易思想的出現，但是前提是不要告訴市場是玫瑰色的，還好，這本書沒有，他首先就告訴了我市場的真實，我願意讀他，討論他，甚至去挑剔他。書沒有看完，細看並想，可能要很長時間，但是第一感覺，這本書告訴了我一些市場的真理。

「我們非常有可能是錯的」，僅此一句話，就可以讓我細看下去，因為這個信念已經讓我嘗到甜頭，我需要的是不斷的加強這個信念，但願「幽靈的禮物」給我啟迪，給我驚喜。

後卷

經過幾年下來的親身實戰，深感以往所讀到的那些技術書籍的荒唐和淺薄。一本一本的買著，一本一本的讀著，企求可以發現通往財富的大門，但是事實很殘酷，實戰與事後的圖表解釋相去甚遠，甚至相悖。

我深感懷疑，那些編寫技術分析的作者是否真如他們所寫，如他們所指出的這裡買進，那裡賣出這麼簡單嗎？面對著紛繁的信號，什麼才是最主要的？答案或許可能是沒有，都重要，都不重要。當我們得到一個技術信號的時候，有沒有靜下心來思考，這個信號代表多大的機會？我要下注多少？準備持有多長時間？這個信號與以往的信號有什麼樣的本質區別？深思下來，你可能會發現信號只是信號，其它的一切模糊，既可能是大機會，又可能是陷阱。

交易到底為了什麼？就為了交易信號？

我們寶貴的資金就這麼輕易的淹沒在花樣繁多的技術信號中嗎？我深深的懷疑，誰能解惑？

　　當我拿到[幽靈的禮物]這本是書時，多少給了我不少的答案，給了我新的感覺－－

　　「交易的目的是為了獲利，交易的本質就是犯錯，而行為習慣的改變就是成功的關鍵。」來自大洋彼岸神秘的幽靈如是說。

　　交易的整個關鍵過程被幽靈濃縮在兩個規則之中。簡單而又複雜，但是迷茫的思緒已漸次清晰。

我的一次應用規則經歷

　　規則一：只持有正確的倉位。規則二：在正確的頭寸上加碼。

　　兩個規則就是截斷虧損與讓利潤奔跑的規則化。清楚明瞭，易於操作。在幽靈談論他的規則中，多次強調進場的前提條件。就是你要有進場的前提假設，當得到信號時，你要入場，運用規則一，在正確的時間內做正確的事。

　　而所謂正確的事就是先假設自己最大可能是錯誤的，一旦入場後，走勢不符合預期，就千萬不能等到已經虧損了很多，才認為自己錯了，到了那個時候，情緒或許就控制了你的思緒，而就此錯下去，等情緒清醒後一切已晚。這點我是深有體會的。

　　2002年4月份的時候，我做大豆就發生過，至今記憶猶新，心有餘悸。記得當時大豆走勢處在一個長達兩個多月的橫盤，有天突然性的大幅下跌，跌破箱體，信號來了，我當時就在尾市空單入

場。第二天行情微幅調整，沒有繼續的下跌，第三天又是調整。我當時做的是兩手空單，稍有虧損兩三百元。如果當時我有現在的經驗，那麼我就出局了。但是不想虧損而想正確的我，選擇了加倉四手的決定。價格繼續微幅反彈，虧損到了近一千元，我被咬住了。情緒有點緊張，價格繼續它的調整。沒有關系，這只是調整，我安慰著自己。

　　一個星期後，虧損到了兩千元，價格依然微幅調整，反彈力度不大，我有點慌亂。決定再加倉四手，一共八手，意欲攤低成本。奇怪的是，價格就是不跌，繼續調整形態，虧損繼續著，我有些失控了，又加了四手，共十二手。虧損額度到了三千多元。價格就是沒有我想象的那樣的哪怕有一點下跌，讓我能平安出來。某天早晨，我遲到20分鐘，剛剛坐下，大豆開始了迅速的拉升，等我慌亂的敲好止損單，準備忍痛割肉。但是價格已經直奔漲停。恐慌的我按照漲停價格掛單止損，那天成交量很大，我被止損了。虧損直達一萬多。我陷入了巨大的恐懼之中。我清楚的記得那天天空晴朗，但是在我的眼裡，那天的天空一片灰暗。我目光呆滯，心情沮喪，懊惱，氣憤，委屈，沒有用，一切就這麼在殘酷的事實中發生了。如果我當時知道運用幽靈的法則，不等到虧損一千元而是在兩天內沒有按照我預期的行情發展，即使當時的技術信號和圖形都支持看跌，我也要假設認為我自己最大可能是錯的，在兩手虧損兩三百的時候，先出局觀望，一切就根本不一樣了。但是我失控了，市場一度在我的眼裡，如同吃人的魔窟。在隨後的大牛市中，時賺時賠，

猶如驚弓之鳥。幽靈說：如果交易者不明白市場會給自己帶來什麼，他們真的會朝無家可歸的那個方向走去。

規則二：毫無例外並且正確的對你的盈利加碼。

2005年2月17日，我又做了一波行情，自我感覺不錯，但是獲利可憐。我處在反思中。我怎麼才能最大可能的在我信心很足的時候獲取最大的利潤？前期工作做的充足，但是獲利很有限，怎麼回事？我的這個教訓，可能對諸位也有啟示性。當時，大豆處在歷史性的底部橫盤達三個多月，春節期間，美盤開始拉升。國內大豆節後開盤後，迅速反應，跳空漲停，接著在離最低點一百多點的位置，小幅度調整，我該怎麼辦呢？我預期的事情正在發生，南美發生乾旱，但是我的預期有可能是錯的，如果我錯誤，我的風險就是我進場的位置與最低點有著170多點的距離。也就是說，如果我錯誤，我的虧損可能達到每手1700多，兩手就是3500多，三手呢？四手呢？最後我選擇了兩手，因為這是我最壞能接受的心理底線。進場後，不錯，進場就拉升，接著又有個短暫的調整，我又加了三手，大豆一共拉升了近800點，除去一頭一尾，我平均獲得了400多的利潤空間。平倉後感覺很悲哀，一切似乎盡在掌握，為什麼我的利潤這麼少呢？什麼原因？

幽靈的法則告訴我們：「毫無例外的在正確的頭寸上加碼。」

我正確的預期了行情，我原本應該可以獲取超額的利潤。但是我錯過了，原因就是沒有遵守規則二。

讓我們看看遵守規則二會有什麼結果。

　　在運用幽靈法則時，規則一是貫穿整個交易過程的。進場需要規則一，而加碼更需要規則一。規則二中包括了規則一的原則精神。我把它改為，必須毫無例外的加碼，但是加碼的倉位必須在進場就要被證明是正確的，否則的話，就運用規則一，不斷的清倉或者減倉。現在來看看運用這個法則在2005年2月17日後的行情會發生什麼？

　　① 首先，2月是南美大豆生長的關鍵期間，天氣是產量的關鍵。如果一旦發生乾旱，那麼價格就要爆升來修正前期的過量下跌，就會發生一波中級上升行情，這就是操作的前提假設。

　　② 2月17日後，美盤因為南美乾旱，開始拉升。大連大豆春節後開盤即對美盤做出反應，跳空高開，離最低點一百多點。

　　③ 行情的發展證明自己的假設前提，基本面發生乾旱，技術面發出信號。按照規則一進場。基本面如此利多，盤面如此凶悍，重大機會就在眼前，倉位可適當重倉。如一開始就進場就是四手，在進場當天按照規則一的原則，我可能是錯的。所以當天進場，當天就要不能虧損。否則我就在少許虧損中清倉和減倉。那天進場時，當天就開始拉升，強勢一直保持到尾市。市場已經證明我的倉位，驗證我的前提，可以持倉了。然後考慮規則二，加碼！

　　④ 拉升幾天後，價格開始了調整。調整期間可等待發生拉升信號時加碼重倉參與。重倉是因為我知道重倉的理由是如此的難得，多頭是如此的穩定。但是把握再大，也不能保證自己就是正確的，我必須得留意，時刻運用規則一，加碼當天就不能虧損，否則

就清倉，或者止損，繼續等待。價格強勢調整了幾天後，又開始拉升了，創出新高，加碼！！因為前期已有盈利，可以把獲利全部作為風險金來重倉參與。比如加到10手，達到14手。加到這麼多，是因為我有重倉的前提理由，我必須全力以赴，牢牢把握機會。如果加碼的當天出現弱勢，就必須要清倉和減倉。否則，在強勢中，一定要盡可能的加重倉，因為既然知道理由，就要努力把握。持倉直到3月18日那天放量下跌時，平倉出局。此時獲利，除了一頭一尾，遠高於我實際操作中的保守獲利。最大可能的利用了機會。

這兩個規則的運用，我的個人看法是，規則不能教條化。你必須要有假設前提，這個前提不是隨意的想法而是深入的了解那個參與品種的基本面，品種特性才可以得出的。你得清楚什麼時候，發生什麼事，會有多大可能的機會。這就是前提，不然的話，你有很大可能是陷入盲目的重倉中，或者被頻繁的偽信號折磨，到那時，你可能什麼原則也沒有了，就像我2002年一樣，被負面的情緒咬個正著，豈不痛苦哀哉！

幽靈告訴我們的是，規則會讓你在市場中立於不敗之地，不過你要好好研究自己的交易前提，以免做出錯誤的判斷。但是即使你盲從市場走勢這樣的簡單錯誤，你緊記規則一，也會讓你免除於在交易中的大幅挫敗。

研讀幽靈的智慧，回想起自己的操作，不時感慨不已。交易的過程本身很簡單的，只是我們迷失在各式各樣的信號中了。交易的過程就是簡單為上，一劍封喉。但這一劍包含著多少內容啊！

　　一本書不能涵概市場的所有內容，更不能讓每個人都能產生相同的體會。有人會說，幽靈的法則很簡單，但是我認為一點都不簡單。幽靈圍繞著他的規則說了整整一本書。但我看來，幽靈說到的僅僅是市場的一個方面，有些內容很難用語言說的清楚。如果我們深入挖掘，一定會從他的談話中感覺到他欲言而又無法言的感覺。藏在幽靈法則下的複雜的市場，是任何語言都難以窮盡的。它始終處於變化之中。但是任由市場如何變化，你要記住幽靈的法則，不變應萬變。而為了我們確保我們運用幽靈法則的有目的性，我們需要不斷的學習，不斷的緊跟市場的變化，這才是幽靈說的真正內容，但是這也是誰都說不清的內容，因為市場內容始終在變化中。

我們不是為交易而交易，乃是為生存而交易

　　在1919年，愛因斯坦在維也納的一次演講相對中，介紹完他的相對論後，他又說到：「在什麼情況下我會承認我的理論是站不住腳的」。在此，愛因斯坦對自己的理論有著強烈的批判意識。這不僅表現在他力求發現並指出它們的局限性，而且也表現出他對自己所提出的每個理論都試圖找出，在何種條件下他將把他所提出的理論駁倒。這種隨時準備駁倒自己得意的理論態度，是愛因斯坦的最大特點，它表明愛因斯坦的批判態度才是真正的科學態度。

　　在幽靈介紹他的兩個規則時，同時附加了一些條件，以此來說明，在什麼條件下運用規則一，在什麼條件下運用規則二，以及這兩個規則適用的範圍，都有著嚴格的規定。這是一種科學的態度，

而不是認為自己的法則放之四海皆準，它也是有缺陷的。規則一的條件就是你必須要認為自己是很大可能是錯誤的，只有這樣，才能接受只在正確的時間持有正確的倉位。為什麼會如此？首先就是，如果你不這樣認為自己的能力的有限性，認為自己的主觀願望並不一定符合市場心理時，你很難在市場沒有證明你正確時，就提前平倉。因為一般情況下，我們事先計劃一個止損位，等市場破了這個止損位，我們就止損出局，證明自己錯誤。在實踐過程中，我們往往會遇到當我們得到一個技術上的信號的時候，這個信號與我們常設的止損位有很大的距離，此時我們要麼小倉位參與，要麼只有放棄，因為我們要考慮失敗的風險。當止損位過大，就意味著我們的風險很大。這在一定意義上，是有著正確的一面，但是與我們交易獲利的想法相去甚遠，因為這樣機械的理解風險，而忽視可能性極大的重大機會，尤其是這個機會被我們所事先預期，並且正在發生，難道我們就因為止損位過遠而放棄嗎？

規則一的運用，在於正確的時間做正確的事。什麼是正確的時間，正確的事？這與每個人的計劃相互聯繫，只有經過你的分析，預測，以及當你得到與這個計劃相吻合的信號時，就是正確的時間。正確的事就是你入場的那一剎那，價格的走勢就要與你設想的方向一致。否則就要認為自己非常可能是錯誤的，要及時調整倉位，繼續評估市場。

規則一的適用品種也要有嚴格的規定。首先就是品種一定要具有良好的流動性，價格受外界影響較小。如果你參與國內大豆，

銅的交易的話，你運用規則一的價格的波動範圍恐怕要放寬。因為
這兩個品種的隔夜價格極易受外界影響，它們會讓你規則一付出很
大的代價。因此你必須根據該品種的波動特性，設定自己的承受範
圍。對規則一的運用要具體品種具體設計。不能機械的認為幽靈的
法則同樣也適用你所參與的品種。他的適用範圍是美盤大豆，LME
銅等流動性較好的外盤和一些股票指數。價格非常的連續，是發揮
幽靈規則的最好選擇。另外，各個品種的波動特性不一樣，適用大
豆的不能適用銅。大豆受到基本面的影響強烈，基本面變化無常。
而銅波動大，趨勢穩定等。你必須根據自己的計劃，如長期投資，
當天進出，中線戰略的計劃來做出自己的承受能力的界定。

　　規則二；正確的加碼，這是個比較複雜的課題，其前提就是
市場已經顯示出你所預期的走勢，這是加碼的條件。否則，你沒有
事前的計劃，你僅僅跟隨市場的價格變化，就衝動的加碼。正如幽
靈所說，這樣的加碼是過量交易。錯誤的可能性極其高，而且虧損
大。在正確加碼的同時，規則一要貫穿加碼的全部過程。每一次加
碼時，其實就是運用規則一的時候。加碼的當時就需要正確，並且
在自己認為的適當時間內就要按照預期的方向運動。否則，就要不
斷的清除加碼的倉位。規則一起著保護的作用。加碼是獲利的關鍵
程序。不同的交易計劃，不同的交易品種，不同的波動特性決定了
加碼的方法。如果沒有對自己交易計劃長時間的籌劃，沒有對自己
參與品種的特性充分了解，沒有對規則一的運用的理解，規則二的
運用條件就不成立。條件不具備，運用規則二就存在盲目性。我們

不是為了交易而交易，我們是為了生存而交易。

　　規則一與規則二，是截斷虧損，讓利潤奔跑的市場格言規則話，這確實非常具有創造性的，也是易操作的。但與此同時，它也不是簡單的。因為不要忘記，操作要簡單化，並不表示對市場的理解也要簡單化，恰恰這是最難的部分。你對你所參與的市場了解越多，規則的威力就越大。正確的操作並不能保證你能獲利，它只能保證你少虧損，甚至不虧。是否能長期獲利，還有很長的路要走，這條路不簡單，而且相當艱難。

　　「幽靈的禮物」是一本實戰者的經驗總結，有實戰精神代表性的操作思路。但是我們要看到，這些實戰者的觀點和結論，也並非十全十美，我們研讀這類具有非常強烈的個人主觀經驗的經驗談時，本著開闊視野，開放心胸的思想來了解其他人的思路。不是根據他能能帶給我們多少撬開財富大門的秘訣，而是根據他能對我們的交易思路有哪些啟迪來評價。所以，我們更重要的重視這些卓越實戰者獨樹一幟的思考方式和反思問題的視角，以便對不同的方法經驗辨證的吸收與揚棄，豐富和發展我們自己的交易思想。

　　每個人的思想均是一座容量巨大的寶庫，而寶庫的開發，需要許多的思想和智慧的撞擊。我相信每個交易者的思路都會帶來啟迪，有益於健全我們的交易思路，使思路從片面走向全面，由膚淺到深刻。「幽靈的禮物」中的思路絕對提供完全照搬的交易指南，一本書中的觀點有我們無法認同，甚至我們反對的。但是我們需要的就是在相互激盪的思想中，找到適合自己的「精神家園」。

Forums 3

論幽靈規則與
卡爾・波普爾的哲學

作者／ＳＴＩＣＫ

　　這是一本關於投機的規則的書，主要講了兩個規則：一是只持有正確的倉位；二是正確加碼才能獲利；無疑是有用的，相當於對華爾街「放足盈利，及時止損」的規則的改進。

　　由於無知和希望，曾經對此書有過高期望，想要在這兩點之外得到更多，但很不幸，沒有找到。所以就已經有的，來挖掘一下。

　　哲學史上對於歸納和演繹有過一段曲折的歷史，這是關於認知學、方法論、科學的知識的爭論。到了卡爾・波普爾，這個喬治・索羅斯的精神導師，他給歸納的問題帶來了一個主要的回答，實際上只有兩種理論：

　　第一，眾所周知的錯誤理論，這些理論已經經過檢驗並已被充分展開（他稱它們已經被證偽）；第二，還沒有被看出來是錯誤的理論，還沒有被證偽，但是面臨被證偽的結果。

　　第一點是關於科學的本質，在於可以被證偽，比如被愛因斯坦的相對論證偽的牛頓物理學與占星術的區別在於：牛頓物理學是科學，因為它允許我們在知道它錯了的時候去把它證偽，而占星術不是，因為它拿不出可以讓我們否定的條件，由於有輔助性假說摻和

進來，所以沒辦法被證明是錯誤的。這是科學和胡說的分界線。

第二點是說科學在沒有被證偽之前是可被部分使用的，但時刻面臨證偽。

我想這就是幽靈規則的哲學淵源。你手中的倉位類似於科學的處境，由於時刻面臨被證偽才存在，在沒有被證偽之前，不能說是正確的，只是未錯而已；但當它終於被證明是錯誤的或不正確的並被清除的時候，其實它已經經過了一段被研究或是市場檢驗的過程；所以你的態度應當是證偽而不是求真。但是，在足夠長的時間後，哪怕曾經正確，它終究會是錯誤的（行情總會結束而且股票的基礎是企業也終究會消亡），這和科學無止境，但最終都會被證偽是一個道理。

我提出的並不是在開玩笑，我有充分的信心，幽靈也不應當否認這一點。

來看一段卡爾‧波普爾的語錄：

「這些人有大膽的想法，但又對自己的想法持高度批判的態度；為了確定他們的想法是否正確，他們首先試圖確定自己是否有可能錯了。提出大膽的設想，再用嚴格的措施力圖駁倒自己的設想，這就是他們的工作。」

這是在描述科學家，又幾乎就像是在描述幽靈的做法一樣，證偽其實是交易員處理隨機性的普遍正確做法，所以幽靈的規則是有哲學淵源的，卡爾‧波普爾的思想不僅只是存在，而且已經實際應用。

Forums　4

一本對市場的知與行
有追求者的參考書

作者／胡言亂語（大笨）

　　閱讀《幽靈》一書，這需要讀者有類似實戰的經驗，讀者看本書首先要問自己是否有相類似的市場感覺，如沒有我勸你不要看了，因為你對市場和自己觀察的不仔細。

　　這是一本只適合在知和行上、在知識和實戰上有所探索、融合的人看的。目的是要通過書指的方向研究、整合、完善你的交易。

　　談談規則一。規則一我在入市幾年後就總結出來了，是經歷了很多痛苦後才總結出來的，這條規則我認為特別是熊市中的生存第一原則，不經過熊市是體會不出這條規則的，周圍炒股的人很多，但真願意下功夫去研究的人我還沒有看到，以前把這條規則與我認為有水準的人（包括我的老師）都做過交流，結果讓我大吃一驚，沒有誰考慮過這個問題，其間，我對自己總結出的結果產生過懷疑，但當我沒這樣做就感覺自己完全失去了重心，完全不會交易了，只好又回到老路來才立得住腳根。也不能說這一條適用於所有交易員，我想可能超短線是難用出來的，我老師用的是超短線，基本每天都是快進快出，他套住了還敢補倉，今年基本不割肉，都賺了錢，這一點又搞得我一度對自己的這個規則產生了懷疑，但我看

了本書感覺堅定了我的信心，從長期的角度看，同樣的利潤率，但我的風險比我的老師小多了，這還是與交易風格、個人性格有關，因為他聰明、敏銳，好抓熱點，對股市個股的感覺比我敏銳，他可以離開很長時間重返市場馬上熟悉。而我的性格遲鈍，只能在20多個股票池中選，真要下單更集中在5個以內選，離開一段時間後，還需要一段適應過程，我還找不出長處只好用苦功、規則和心態彌補，現在的讀者能很容易看到真是幸福，至少你知道這是一條值得探索的正道，你這樣做就會有信心。

談談規則二。規則二我以前操作不知不覺用過，但沒有總結出來，其後我看到了《你也可以成為股票高手》（後簡稱《高手》）才引起足夠的重視，加碼的具體方法我記得在《笑傲股市》中有論及，買後如價格上揚，就在進場價上不斷用金字塔方式加碼，在日本人林史康著的《技術分析精解》中有不同加碼方式的對比，都比較偏向理論，我感覺練加碼是有層次之分，要注意兩個方面：在價格上，開始用類似《笑傲股市》中的方法，就是越漲越買。但到較高層次就要用《高手》中的方法，就是越跌越買；在買的量上，從1：1：1，的方式開始練習，逐漸發展到1：3：5的方式，其他更具體的在《高手》中有實戰介紹，請大家自己參看。要注意兩點，一是加碼是在對進場點的選擇有足夠的勝率的基礎上才可為之，初學之人不能馬上去用，二是把加碼、減碼與行情的變化結合起來，每改變一點都必須與自己熟悉的進場點出場點還有心理的適應性都要能配合好，很難，這是我們要重點研究的地方，我付出了很多代價，現在還在摸索。

Forums　5

這份禮物是
交易員的心靈雞湯

作者／一生何求

　　讀罷該書掩卷心情久久不能平靜，實感幽靈的真誠與善良。幽靈沒有用刺激誇張的語言向我們描述自己獨特的市場理論在交易中所取得輝煌的成就而將自己神話；相反的他平實的告訴我們他也只是一個普通人，在交易中輸的次數也非常多，只是損失非常小而已。自己與其他交易員相比區別也僅在於思考交易的方式不同罷了。市場的公平與自由性允許每個人的交易想法存在，但是交易的結果只有一個－－獲利與否，幽靈要告訴我們的就是如何用自己的交易想法最快的達到獲取收益的目的。

關於規則一、二

　　幽靈的規則是基於對交易遊戲本質認識上的，交易行為本身不是一個將交易者導向成功的遊戲，本質上是讓大多數人失敗的遊戲，幽靈在規則一中要告訴我們在一個本質上是失敗者的遊戲中要敗中求勝，他認為關鍵的第一步是盡快主動認錯，這樣才能敗中求勝。幽靈認為任何頭寸如果沒有按照交易者的想法產生預期變化，此時不論結果怎樣都應該視為交易失利而應出局。幽靈並沒有給出

認定自己的頭寸是正確的標準，我個人理解是因為他認為每個都會有自己的獨特交易認知模式和感受來形成自己的交易想法和計劃，只有你自己的東西才是你所擁有的，他只充當教練的角色目的是提升你的交易想法和計劃中獲利潛能的技巧，來更快的達成你的交易獲利目標，這也幽靈願意公開自己規則的目的。

但幽靈還是給出了一些我們反映在情緒上的標準「如果你燥熱到不得不解開你襯衫最上面的紐扣，你最好清倉；如果電話鈴聲讓你心煩意亂，你最好清倉；如果你已經超過了合理的時間，還持有沒被證明正確的倉位，你也最好清倉。」「你需要聆聽自己內心的想法和你的沮喪，讓你自己而不是市場告訴你：你的倉位是錯誤的。如果你沮喪的時候恨不得馬上清倉，那就毫不猶豫地辦吧，因為這已經是機械化系統的一部份了；一定要留心你的新倉位完全與市場方向格格不入的可能性。」

既然交易是失敗者的遊戲，那麼初始頭寸就是建立在失利基礎上的，儘管快速主動認錯，善輸小錯可以降低風險的程度保護交易員不受大的傷害，但這不是交易的目標。要想在輸多贏少（指輸贏次數）的遊戲中求勝，觀察一下職業賭徒的策略就很有啟發作用，因為兩者從事遊戲的本質相似。職業賭徒策略要求在勝率利於自己的條件下下重注要敢贏，類似幽靈的規則二也要求交易員在被證明為正確的頭寸上繼續加碼重倉更多的累積獲利；而在勝率不利的情況下不下住或下小注要善輸，此時幽靈的規則一與二中要求對初始頭寸出錯時盡快出局和限制頭寸規模來保護自己。從這些層面上我

們結合幽靈的規則我察看了自己的交易日記。以最近的幾筆失敗的記錄為例，10月25日上午在4.5元處買入600256，當天介入是因為該股放量破小箱頂，但收盤時K線為倒錘頭收盤價為4.45元，我當時把止損訂在當天最低4.41處，第2天早市有一個反彈到我買入時的價位我沒有出局，我在等待市場證明我的對錯，結果最後止損出局損失了近3%。現在再看該股整體走勢是處於一個三角形中，當天只是假突破表明該筆交易已經判斷錯誤應該盡快出局，其它的幾筆交易情況基本上也是如此，如果將用幽靈的規則運用到我的計劃中幾乎都可以打平出局，現在幽靈的那句「在一個合理的時間內，如果市場沒有證明倉位的正確性，那麼它遲早會變得不正確。」時刻回盪在我腦海，我深信幽靈的規則可以讓我更快成長。

幽靈花了大量篇幅討論的行為習慣改變，但你不要認為這又是關於「知行合一」哲學命題的老調重彈，他實際上要告訴我們的是什麼才是正確的行為習慣改變的方式。可以總結為只有深刻的正確認識，才會有正確的反應與行動。

綜觀全書幽靈始終強調三點－－思考、優勢、快人一步，幽靈的規則也是建立在這三個焦點上的。幽靈的規則不是交易靈丹妙藥，但卻是交易員心靈的雞湯，交易員可以從思維方式到交易行為習慣各方面吸取頂尖交易員智慧的營養。

雲在青天
水在瓶

作者／長陽書店

長陽讀書俱樂部專業銷售及策劃出版證券交易經典書籍，實施免費入會、累計升級的郵購銷售制度，目前已經擁有世界各地股票、期貨、外匯等領域會員幾萬名。在「好書改變命運」理念的引領下，長陽BBS聚集眾多會員進行讀書與實戰交流，已經成為內地專業交易人士提高交易水準、成功把握利潤的學習重鎮。
本書交流論壇：www.stockbook.cn
網址：www.stockbooks.com.cn

     自對長陽讀書俱樂部策劃的上一部書《股票大作手操盤術》進行專業校對之後，少有機會來尋得壓力，割捨紅塵，將一部經典之作的內涵收歸本心。在長陽論壇眾多會員朋友的呼喚聲中，終於將《幽靈的禮物》文字修飾完畢。掩卷之後，唯有兩行傳世佳句能夠印證此時的心情：「我來問道無餘說，雲在青天水在瓶」。

     機緣巧合，走進魅力無窮又風雲變幻的交易世界。芸芸眾生，沈溺於技術分析纖毫細節中不能自拔者比比皆是，對於預測指數點位的「股神」頂禮膜拜者也大有人在，軟體選股，公式絕招，基本

分析……每一種方式都各有其理，每一種又似乎並非究竟。有聞「大道至簡」，「道」在何方？一位成功的交易者，究竟應該具備什麼樣的知識結構，才能在人生的制高點上巍然而立？

生也有涯，學無止境，何處是歸程？現代金融交易已經歷經百年坎坷，無數大師們殫精竭慮，完全可能探求出一條明朗的投資正途。幽靈以交易大師的超群資歷與心態，毫無保留地提供這份厚禮，不僅能幫助你成功塑造操作理念、規則和方法，更能扶持你一步步走上正確路途，而不會在交易場中迷失自我。《幽靈的禮物》，是交易的佳釀，更是生命的盛宴。

其實早在１９９７年，《幽靈的禮物》就已經出現在美國期貨論壇上，如果中國的交易者有緣早些領受到這份厚禮，也許就會有更多的人能夠遠離近年的熊跡，用自己的戰績躋身於成功交易者之列。

但是，儘管這部珍品姍姍來遲，如果沒有張志浩先生的熱忱，不知道這份撥雲見霧的厚禮，何時才與中國的交易者有緣。在中文版《幽靈的禮物》問世之際，特此感謝張志浩先生為引進這部作品所付出的諸多努力，以及他在國內從事投行事業後，仍然於百忙之中親力與關磊女士一起進行了艱苦的翻譯工作。本書中有許多美國金融市場的專業術語，特別是其中僅對交易者而言的微妙詞句，只有在美國市場的長期實戰歷練之後，才有可能向中國讀者解釋到位。能夠有此功力，並且願意為中國交易者提高水準而盡心付出，只有「功德無量」才能形容貼切。

《作手》一書的作者、職業期貨交易者壽江先生為這本書的專業核校工作做出了許多貢獻；企業管理出版社編輯丁鋒先生和長陽論壇的周東先生及讀書顧問SOS在本書編輯過程中也進行了多次辛苦的修改。儘管本書中由於各種原因必然還存在瑕疵，他們幾位的助力，大大減少了出現專業性錯誤的機率，特在此為他們的熱情道謝。

　　匆匆幾語，難以言盡接受《幽靈的禮物》之後的綿綿心思，但為了讓大家早日分享「雲在青天水在瓶」的清澈，還是儘早擱筆，讓大家儘快看到幽靈的風采。當我們讀完它之後，再來共譜交易和人生的心曲。

長陽 北京

Behind the Scense　2

另一半

作者／恆兆文化

　　發現「幽靈的禮物」緣起於編輯「作手」一書增訂版的工作。「作手」2005由本公司發行繁體中文版，當時即引起投資圈讀者很大的回響，因為內容精彩且深刻，初版很快就銷售完畢，所以同年即邀請作者一面推出他的第二本著作，一面請求他為「作手」的第二版進行增訂。

　　壽江先生不管交易或寫作，態度一向十分嚴謹而專業，對其他作家而言，增訂版可能只須幾天或幾週就能完成，但壽江先生卻花了近兩年才完成增訂版（當然，內容只能用驚豔形容，可見好作品實在值得等待），在編輯「作手」的增修版時發現作者引用了「幽靈的禮物」書中的一段話，心裡一震，當時的反應是：我真太疏忽了，這部大師作品竟然「一點印象也沒有」，於是放下手邊的工作就開始「尋找幽靈」。

　　一開始我是透過網路搜尋，但出乎意外的，這部書除了網路上一再被熱烈的討論與刊載內容片段外，國內外竟然都查不到任何書號！這有點不可思議。我問了壽江，他告訴書是由北京的長陽讀書會印製，他剛好也是該書的編審。我請教壽江「書」的內容如何？他說，這是一部相當難得的好作品，他大力的推薦，還很熱心的說

若是台灣沒有發行，他要送我書，因為很值得細細閱讀。

　　能夠讓在交易投資的領域中被壽江如此「擔保」的作品，肯定是相當有份量的，但是，為什麼沒有「成書」呢？更令人好奇的是，連原文版都沒有！

　　透過壽江的介紹，我認識了北京長陽讀書會的負責人梁永剛先生，他對這部作品因為「缺乏原著」致使無法申請書號一事也深表遺憾。「幽靈的禮物」在原著地（美國）並沒有紙本書籍的發行，因此內地一直採讀書會流通傳閱的形式印行本書。透過梁永剛先生的介紹，我們很順利取得譯者同時也是本書中文版版權所有人張志浩先生的出版同意與相關的授權文件。

　　透過電子郵件，張志浩先生給出版社的第一封回信令人印象深刻——

　　原來張志浩先生本身就是《幽靈的禮物》早期讀者和受益人。一直以來，他很希望能夠使更多的讀者、交易員、一般股民有機會聆聽幽靈的聲音。回信的當天正值中國A股跌幅創歷史之最，他知道每每在這種時候，會有很多人正忍受內心的煎熬。而他自己也是在很多失敗和煎熬中走過來的，他希望本書能給大家帶來智慧的光明，如她曾帶給他的那樣。

　　《幽靈的禮物》是上個世紀末在金融論壇上免費發表的作品，關於版權，張志浩先生已經取得作者亞瑟・李・辛普森（Arthur Lee Simpson）的書面授權，中文翻譯工作也由張志浩本人與關磊女士合作完成，版稅與譯文張志浩先生與關磊女士均不取費用免費提供給

恆兆文化出版社印製發行。

　　平白地接受了「幽靈」與譯者的這份「厚禮」心情很複雜，曾經想循著手中作者（Arthur Lee Simpson）的基本資料與其進一步的聯繫，但讀完全書之後，那種「好奇心」隱然在心底有了答案——

　　顯然，人都是不完整的：幽靈與亞瑟願意為不認識的人們傳授他們數十年的交易智慧；兩位朋友頂著寒夜在耶誕夜為不認識的孩子們送上食物；一位鄉村歌手讓來自各地彼此不認識的人聚在一塊兒；張志浩、關磊願意無償從事那麼耗費心力的翻譯與版權聯繫工作，只因為希望從事交易投資的人們也有幸跟他一樣聆聽智者的教導……。人類的許多行為，很難用世俗尺度去測量目的與價值，我們都不自覺的在找尋並實踐那未可捉摸、無法具體描繪的「另一半」。

　　本書的出版，要感謝的比任何一部書的發行還要多得多，幽靈、亞瑟、張志浩、關磊、壽江、梁永剛、丁峰、文喜、參與封面設計的 David Chang 及在網站上無私發表文章的諸位交易員們、提供論壇平台的美國《期貨雜誌》網站……等等，都是本書的幕後英雄。在此，再次的感謝。

　　一直很喜歡一句話，「好命的人，應該比別人付出更多，這樣好命才有意思。」我深信，參與本書的所有人都是好命的人，而且是好命得很有意思的人。

　　　　　　　　　　　　　　　　　　　恆兆文化 台北

• 國家圖書館出版品預行編目資料

幽靈的禮物：縱橫華爾街的三個金融交易規則亞瑟‧李‧辛普森

（ARTHUR LEE SIMPSON）著；　　　　　　張志浩，關磊 譯‧

——第四版　　　　——臺北市：　　　　恆兆文化，2014.01

336面；14.8X21.0公分

ISBN 978-986-84148-2-2（精裝）

1.期貨交易 2.投資技術

563.534　　　　　　　　　　　　　　　　103000721

幽靈的禮物：縱橫華爾街的三個金融交易規則

(Phantom's gift)

出 版 所	恆兆文化有限公司
	Heng Zhao Culture Co.LTD
	www.book2000.com.tw
發 行 人	張正
總 編 輯	鄭花束
作 者	亞瑟‧李‧辛普森 ARTHUR L‧SIMPSON
翻 譯	張志浩 關磊
內 文 審 訂	壽江
編 輯 顧 問	丁峰
封 面 設 計	David Chang
責 任 編 輯	文喜
電 話	+886.2.27369882
傳 真	+886.2.27338407
地 址	台北市吳興街118巷25弄2號2樓
出 版 日 期	2014年01月四版01刷.2016年03月四版02刷.2016年08月四版03刷.2017年04月四版04刷 2017年09月四版05刷.2018年01月四版06刷.2019年01月四版07刷.2019年09月四版08刷 2020年04月四版09刷.2020年12月四版10刷.2021年05月四版11刷.
I S B N	978-986-84148-2-2（精裝）
劃 撥 帳 號	19329140 戶名 恆兆文化有限公司
定 價	420元
總 經 銷	聯合發行股份有限公司　電話 +886.2.29178022